小さな会社のための
"こぢんまり"人事・賃金制度のつくり方

河合 克彦 著

編集協力
特定社会保険労務士 中野 剛

日本法令

▶▶ はじめに ◀◀

　本書は、小さな会社の人事制度をどのようにしたら簡単に構築できるかについて、わかりやすく解説した書籍です。

　例えば、創業して5～6年、社員数10人程度の会社を想定してください。そのような会社の人事制度は、次のような状態にあることが多いのではないでしょうか。

① 等級制度、評価制度等の人事制度はなく、きちんとした人事の規程もない。

② 等級制度がないので、等級というより課長、部長といった役職で人事管理を行っている。

④ きちんとした評価制度はなく、社長が昇給、賞与、昇進を決めている。

⑤ 昇給・賞与は社長の一存で決まる。明確な昇給や賞与のルールが示されていないので、どうすれば昇給・賞与が増えるのかわからない。

⑥ 課長・部長等の役職への昇進も社長の一存で決まる。明確な昇進のルールが示されていないので、どうすれば昇進するのかわからない。

⑦ 賃金も明確なルールがあるわけではない。入社した年の事情によって基本給の高低があり、同じような能力で、仕事のレベルは同じようなものであっても、入社した年によって賃金が異なる。

⑧ 役職手当が、同じ課長でも「A課長は 30,000 円」、「B課長は 40,000 円」などと異なる。社長は課の責任の度合によって差をつけているようだが、その説明はなされていない。

　上記の内容は、あるIT会社の例ですが、製造業、卸小売業、

サービス業等の零細会社でもよく見られる現象です。創業して10年〜20年の会社でも見られますし、社員数30人〜100人規模の会社でも見られることがあります。

このような状況では、社員はどうすれば給料が上がり、賞与が上がるかがよくわかりません。また、社長は、昇給の時期、賞与の時期が来ると、かなりの時間をとられることになります。

簡単なものでよいから、評価制度を整え、納得的な昇給、賞与を行い、社員のモチベーションを上げたいと望んでいる経営者は多いのではないでしょうか。社員も、納得的な評価、将来への展望を待ち望んでいます。本書は、このような企業の人事制度を整備し、きちんと運用できるようにするための書籍です。そこで働く社員の生きがい、やりがい、モチベーションを高めるための内容になっています。評価制度を整えれば、評価を通じての能力開発、価値観の浸透を図ることも可能です。これがうまく機能すれば、組織は活性化し、会社業績は現在・将来にかけて向上することは間違いありません。

本書では、小さな会社のために、簡単な内容で、容易に作ることができる人事制度を提案しています。名づけて「こぢんまり人事制度」です。

ここでの「こぢんまり」は、「人事制度の内容がこぢんまりとして簡単」「人事制度構築がこぢんまりと容易にできる」という2つの意味があります。

≪人事制度の内容がこぢんまりとして簡単≫

こぢんまり人事制度の内容は、**図表-1** に示す通り、これ以上削りようがないほど必要最小限の道具立てで構成されています。

【図表-1】 こぢんまり人事制度の概念図

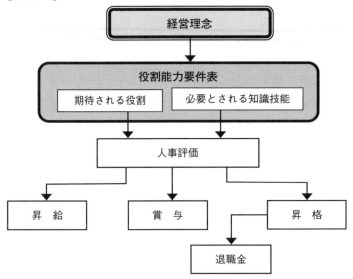

　図で示すと簡素な人事制度ですが、次のような人事理念と仕組みによって構成されています。

> ① 人事の基本ファクターである役割・能力・成果の特質を生かし、バランスさせた人事制度である。役割・能力・成果に応じた処遇（昇給・賞与・昇格）が行われる仕組みになっている。
> ③ 各等級・各役職（課長・部長）に期待される役割、必要とされる知識技能は役割能力要件表に示され、評価はこれに基づいて行われる。
> ④ 成果は「やるべきことをどれだけやったか」と定義され、的確に成果を把握する仕組みになっている。
> ⑤ 漏れなく本人の行動や結果・能力が把握できる仕組みになっている。
> ⑥ 能力開発を重視して絶対評価で行っている。
> ⑦ 等級・役職に応じて賃金が設定されており、評価に応じて昇給する仕組みになっている。

⑧ 賞与も評価に対応する仕組みになっている。

⑨ 昇給計算、賞与計算は昇給原資、賞与原資にきちんと収まるような仕組みになっており、人件費原資との調整も容易に可能である。

　一般的な人事制度にはよく見られるものから省略し、簡素化した点は次の通りです。

① 評価制度を 1 つにした

　業績（成果）の評価と能力の評価は異なりますので、多くの人事制度は業績評価と能力評価の 2 本立てですが、「こぢんまり人事制度」はまとめて 1 つの評価制度にしました。業績評価と能力評価の 2 つを内容にしていますので「人事評価」と名づけています。

② 評価期間は 1 年間とした

　賞与は夏と冬の 2 回ありますので、それに対応して評価も年 2 回とする会社が多いのですが、年 2 回の評価は評価者、被評価者の負担が大きいので年 1 回としました。

③ 目標管理は行わないことにした

　目標管理制度は、組織の満足と個人の満足を同時に達成する仕組みとして大変有効な制度なのですが、これを行うには、人事担当部門に相当なエネルギーが必要となります。目標設定能力を高めなければならず、「目標設定研修」「目標設定指導研修」を継続的に行う必要があります。小さな会社では難しいとして目標管理は行わないことにしました。

≪人事制度構築がこぢんまりと容易にできる≫

　人事制度の構築もこぢんまりと行います。構築にはプロジェクトチームを組成して行いますが、プロジェクトチームは経営トップ、人事部門責任者、コンサルタントの 3 人です。

経営トップには社長を、人事部門責任者は、人事を担当する組織の責任者という意味で、人事部長、人事課長あるいは人事部、人事課が設置されていない場合は人事担当者を想定しています。人事を社長が兼務している場合は、社長が人事部門責任者になります。コンサルタントには人事コンサルタントまたは社会保険労務士を想定しています。コンサルタントが入るのは、人事の知識を幅広く保有しており、効率的にプロジェクトを進めることができ、また、Word での人事制度諸規程の作成、Excel でのシミュレーションを行う等、事務方を担当してもらうためです。コンサルタントには水先案内人とオペレーターの役割を期待しています。

　この構築の手順もこぢんまりと行います。基本的には、本書でサンプルとして示した人事制度諸規程をベースに、これに経営トップの考え方および会社の状況を考慮して修正を加えるという形で行います。プロジェクトの実施回数は5回、人事制度再構築の期間は6カ月を予定しています。

　本書は4章で構成されています。それぞれの内容は次の通りです。

第Ⅰ章　こぢんまり人事制度の概要

　本章では、「こぢんまり人事制度」の考え方、人事制度の概要（全体像、内容）を述べています。また、本章は次の ①～③ にも役立てることができます。

> ① 読者が「こぢんまり人事制度」全体を容易に理解することができる。「こぢんまり人事制度」の考え方、制度の仕組みが容易にわかる。
> ② 「こぢんまり人事制度」全体がコンパクトに説明されているので、コンサルタントが経営トップに説明するときに使用できる。

③ 人事制度構築後に、必要な修正を加え新人事制度解説書に編集すれば、社員説明会でも使用できる。

第Ⅱ章 こぢんまり人事制度諸規程・修正の仕方

　本章には、「こぢんまり人事制度」に必要な人事制度諸規程のサンプルが全部そろっています。これをベースに必要に応じて修正すれば、容易に「こぢんまり人事制度」を構築することができます。本章ではこの修正の仕方をわかりやすく説明しました。

　また、第Ⅰ章の概要で説明するには詳し過ぎる内容であるが、理解が必要と思えるものも本章で記載しました。第Ⅰ章で説明した内容と一部重複するところがありますが、早く理解していただくためにあえて重複させているところがあります。

第Ⅲ章 こぢんまり人事制度・構築の仕方

　「こぢんまり人事制度」は、経営トップ、人事部門責任者、コンサルタントの3者でプロジェクトチームを組成して、5回のプロジェクトで構築します。各回で準備すること、行うことを詳しく説明しています。

　また、賃金組替、昇給、賞与のシミュレーション、新人事制度導入・定着化について説明しています。

第Ⅳ章 こぢんまり人事制度のオプション

　「こぢんまり人事制度」は"増改築"を簡単に行うことができます。例えば、「個人目標制度を付け加えたい」「評価期間を半年にしたい」「賃金表で管理したい」「職掌固有の役割能力要件表を作成したい」という具合です。本章では、これら増改築のやり方を説明しています。

筆者は、日本法令で人事コンサルタント養成講座『河合ゼミ』
（全 12 回、月 2 回開催、6 カ月間）を 2015 年、2016 年に行い
ました。参加者は人事コンサルティングに強い関心がある社会
保険労務士です。その社会保険労務士の顧問先の多くが、社員
数 20 人以下の中小企業で、ほとんどが等級制度、評価制度等の
人事制度がなく、きちんとした人事の規程もありません。それ
らの中小企業でも、きちんとした人事制度を持ちたいという要
望は強いのです。本書は、その要望に応えるべく、簡単に導入
できるきちんとした人事制度を提案したいと考えて執筆しまし
た。

　まだ人事制度が整っていない中小企業に、きちんとした人事
制度を導入し、それによって社員のモチベーションアップ、能
力開発、コミュニケーションを促進し、業績の向上につなげる
ことが本書の狙いです。そのために本書を活用していただけれ
ば幸いです。

　最後に、本書執筆にあたっては、株式会社日本法令の小原絵
美氏にはひとかたならぬご尽力を賜りました。ここに心から厚
くお礼申し上げます。

2017 年 2 月

河合克彦

▶▶目　次▶▶

Ⅰ　こぢんまり人事制度の概要 ·················· 15

1 『こぢんまり』の内容 ·· 16
　(1) 構築する人事制度がこぢんまり ····························· 17
　　① 必要最小限の道具立て ································· 17
　　② 役割能力要件表は全職掌共通のみ ················· 19
　　③ 評価制度は人事評価だけ ··························· 20
　　④ 評価期間は1年間 ····································· 22
　(2) 人事制度再構築作業がこぢんまり ····················· 23
　　① 人事制度再構築プロジェクトの人数 ··············· 23
　　② 人事制度再構築に要す期間 ························· 24

2 こぢんまり人事制度の基本的考え方
　…役割・能力・成果に応じた処遇 ····················· 26
　(1) 役割・能力を明確にする ······························· 27
　　① ステージと職掌・職位の関係表 ··················· 28
　　② 役割能力要件表 ····································· 29
　(2) 成果を明確にする ····································· 35
　　① 成果とは ··· 35
　　② 管理職の成果 ······································· 37
　(3) 人事評価制度 ··· 43
　　① 人事評価項目とウェイト ··························· 43
　　② 人事評価項目の評価基準 ··························· 45
　　③ 人事評価得点の計算方法 ··························· 47
　　④ 人事評価結果を的確に昇格・昇給・賞与に
　　　　反映させる仕組み ································· 49
　　⑤ 人事評価と処遇の時系列の関係 ··················· 49

CONTENTS

（4）賃金制度 ……………………………………………………………… *50*
　　① 賃金体系 …………………………………………………………… *50*
　　② 基本給 ……………………………………………………………… *50*
　　③ ステージ手当 ……………………………………………………… *52*
　　④ 職位手当 …………………………………………………………… *54*
　　⑤ その他手当 ………………………………………………………… *54*
　　⑥ 賃金組替 …………………………………………………………… *55*
（5）人事評価結果の運用 ………………………………………………… *57*
　　① 昇格・降格 ………………………………………………………… *57*
　　② 昇　給 ……………………………………………………………… *63*
　　③ 賞　与 ……………………………………………………………… *69*
　　④ 退職金 ……………………………………………………………… *77*

Ⅱ　こぢんまり人事制度諸規程・修正の仕方 …… 81

1　ステージ制度運用規程 …………………………………………… *82*

（1）サンプル：ステージ制度運用規程 ………………………………… *82*
（2）ステージと職掌・役職の対応関係表 ……………………………… *87*
　　① ステージの階層を何段階にするか ……………………………… *87*
　　② 職掌はどのようなものがあるか………………………………… *87*
　　③ ステージの呼称を定めるか。定めるとすれば
　　　　どのようなものにするか ……………………………………… *88*
　　④ 職位はどのようなものがあり、どのステージに
　　　　対応させるか …………………………………………………… *88*
（3）役割能力要件表 ……………………………………………………… *88*
（4）初任格付け …………………………………………………………… *89*
　　① 新卒社員のステージへの格付け………………………………… *89*
　　② 中途採用者のステージへの格付け ……………………………… *89*
（5）移行格付け …………………………………………………………… *90*
（6）昇　格 ………………………………………………………………… *91*

9

（7）降　格 ……………………………………………… *91*

（8）昇格の実施 ………………………………………… *91*

2 役割能力要件表 ……………………………………… *93*

（1）サンプル：役割能力要件表 ……………………… *93*

（2）役割能力要件表の構造 …………………………… *99*

（3）期待される役割の読み方 ………………………… *99*

（4）必要とされる知識技能の読み方 ………………… *99*

（5）役割能力要件表と人事評価の関係 ……………… *99*

（6）役割能力要件表は人事制度の核 ………………… *100*

（7）こぢんまり人事制度の役割能力要件表 ………… *100*

（8）役割能力要件表の構築の仕方 …………………… *101*

　　① 全職掌共通：期待される役割マトリックス表 …… *103*

　　② 全職掌共通：必要とされる知識技能マトリックス表

　　　 …………………………………………………… *105*

　　③ 全職掌共通：必要とされる知識技能の具体的内容

　　　 …………………………………………………… *107*

3 人事評価制度運用規程 …………………………… *109*

（1）サンプル：人事評価制度運用規程 ……………… *109*

（2）人事評価の体系 …………………………………… *118*

　　① 評価制度は１つにする ……………………… *118*

　　② 評価期間は１年間にする …………………… *120*

　　③ 目標管理は行わない ………………………… *122*

（3）人事評価項目（業績項目） ……………………… *124*

　　① 一般層の人事評価項目（業績項目）とウェイト … *125*

　　② 管理職の人事評価項目（業績項目）とウェイト … *126*

　　③ 管理職の成果をどう捉えるか ……………… *127*

（4）人事評価項目（能力項目） ……………………… *129*

（5）減点項目 …………………………………………… *131*

（6）異動者への救済策 ………………………………… *132*

（7）人事評価得点の計算 ……………………………… *133*

CONTENTS

（8）サンプル：人事評価制度運用規程の修正 ……………… *133*

4 **給与規程** ……………………………………………………… *135*

（1）サンプル：給与規程 …………………………………… *135*
（2）給与規程は現行給与規程をベースにする ………… *142*
（3）給与体系 ………………………………………………… *143*
（4）基本給 …………………………………………………… *144*
（5）モデル別賃金シミュレーション …………………… *147*
（6）基本給の上限・下限の設定方法 …………………… *151*
（7）ステージ手当 ………………………………………… *152*
（8）職位手当 ………………………………………………… *154*
（9）その他手当 …………………………………………… *155*
（10）賃金組替 ……………………………………………… *155*
（11）サンプル：給与規程の修正 ………………………… *159*
（12）その他 ………………………………………………… *160*

5 **昇給管理規程** …………………………………………………… *161*

（1）サンプル：昇給管理規程 …………………………… *161*
（2）昇　給 …………………………………………………… *164*
（3）若年層の昇給 ………………………………………… *164*
（4）サンプル：昇給管理運用規程の修正 ……………… *165*

6 **賞与管理規程** …………………………………………………… *166*

（1）サンプル：賞与管理規程 …………………………… *166*
（2）賞　与 …………………………………………………… *170*
（3）サンプル：賞与管理規程の修正 …………………… *170*
　　①　第２条（賞与の支給時期・対象期間および評価時期）
　　　…………………………………………………………… *170*
　　②　別表-1　業績賞与指数 …………………………… *170*

11

Ⅲ　こぢんまり人事制度・構築の仕方 …… 171

1　プロジェクトチームの組成 …… 172

(1) 経営トップ …… 172
(2) 人事部門責任者 …… 172
(3) コンサルタント …… 173

2　人事制度再構築プロジェクトの進行 …… 175

3　人事制度再構築プロジェクトに入る前の準備 …… 179

(1) 現行人事制度の分析 …… 179
(2) 新人事制度の概要（Power Point）の作成 …… 180
(3) 新人事制度諸規程・役割能力要件表（たたき台）
　　の作成 …… 180
(4) シミュレーション …… 180

4　人事制度再構築プロジェクト　各回で行うこと …… 181

(1) 第1回までに行うこと …… 181
(2) 第1回プロジェクトで行うこと …… 182
(3) 第2回までに行うこと …… 183
(4) 第2回プロジェクトで行うこと …… 185
(5) 第3回までに行うこと …… 187
(6) 第3回プロジェクトで行うこと …… 188
(7) 第4回までに行うこと …… 189
(8) 第4回プロジェクトで行うこと …… 190
(9) 第5回までに行うこと …… 191
(10) 第5回プロジェクトで行うこと …… 193

5　シミュレーション …… 194

(1) 賃金組替シミュレーション …… 194
(2) 昇給シミュレーション …… 197

（3）賞与シミュレーション ……………………………… *198*

6 **新人事制度の導入・定着化** …………………………… *200*

（1）説明会用資料の作成 …………………………………… *200*

（2）書式の準備 ……………………………………………… *201*

（3）運用ソフトの準備 …………………………………… *203*

（4）説明会 …………………………………………………… *204*

① 新人事制度説明会の狙い …………………………… *204*

② カリキュラム ………………………………………… *204*

③ 使用するテキスト …………………………………… *205*

④ 留意点 ………………………………………………… *205*

（5）各種研修 ………………………………………………… *206*

Ⅳ こぢんまり人事制度のオプション …… 209

1 **目標管理制度（個人目標制度）を付け加えたい** … *210*

2 **評価期間を半年にしたい** ………………………… *214*

3 **賃金表を設けたい** ………………………………… *215*

（1）ステージの上限・下限を決める …………………… *215*

（2）ステージごとの１号ピッチを決める ……………… *216*

（3）人事評価得点に対応した昇給する号を設定する …… *220*

4 **職掌固有の役割能力要件表を作成したい** ……… *221*

索 引 ……………………………………………………… *224*

参考文献 …………………………………………………… *229*

著者紹介 …………………………………………………… *230*

I

こぢんまり
人事制度の概要

本章は、「こぢんまり人事制度」の全体像を述べています。「こぢんまり人事制度」の全体を手っ取り早く理解するには、この章を読んでください。「こぢんまり人事制度」の基本的考え方（人事理論）と具体的な内容がコンパクトに述べられています。

また、コンサルタントが経営トップに「こぢんまり人事制度」を説明するときや構築後の社員への説明の際にも、この章の内容を活用できます。

1 『こぢんまり』の内容

　本書で提案する人事制度は、「こぢんまり人事制度」と称するように、主に社員20人〜30人以下の会社向けの人事制度です。そのような会社は、人事部門が弱体で、人事制度が十分整備されておらず、人事制度を構築しようにもできず、どうしたらよいかわからない状態になっていることが多いように思います。

　そこで、そのような小さな会社が、簡単に人事制度を構築できるようにするためにどうしたらよいかを示しています。内容は、極めて簡素です。しかし、盛り込むべきポイントはきちんと押さえており、手抜きはしていません。バックにある人事制度の基本理念は、「役割」「能力」「成果」という人事の基本ファクターの特質を生かし、バランスさせるというものです。また、会社の成長に従って個人目標制度を入れる等、増築が可能です。

　こぢんまり人事制度は、「こぢんまり」という名前の通り、「こぢんまり」しています。何が「こぢんまり」かというと、次の通りです。

> (1) 構築する人事制度がこぢんまり
> (2) 人事制度構築作業がこぢんまり

（1） 構築する人事制度がこぢんまり

人事制度の内容そのものが、次のように「こぢんまり」しています。

① 必要最小限の道具立て
② 役割能力要件表は全職掌共通のみ
③ 評価制度は人事評価だけ
④ 評価期間は１年間

① 必要最小限の道具立て

図表 1-1 を見てください。「こぢんまり人事制度」の道具立ては、「経営理念」「役割能力要件表」「人事評価」「昇給」「賞与」「昇格」「退

【図表 1-1】 「こぢんまり人事制度」の概念図

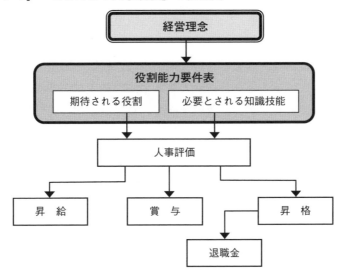

職金」です。これらは人事制度としては絶対必要でかつ最小限の道具立てです。これ以上削げば人事制度として機能しません。

「こぢんまり人事制度」は、人事スタッフが弱体な小さな会社でも人事制度を簡単に構築でき、運用できる人事制度です。

一番上に「経営理念」があります。人事制度の大きな目的は「経営理念」に沿った行動を社員に促すことです。そのため、人事評価項目は「経営理念」に沿ったものを設定し、それに沿った行動をすれば高い評価を受けることができるようにし、自然に社員が「経営理念」に沿った行動をするよう促します。

役割能力要件表（具体的イメージは29ページ**図表1-11**および第Ⅱ章94ページ～98ページ役割能力要件表）は、ステージ（※）ごとに「期待される役割」「必要とされる知識技能」を明示したものです。役割能力要件表によってステージのイメージが明確になり、また、これが人事評価のベースになります。

人事評価は役割能力要件表の「期待される役割」をきちんと果たしたか、「必要とされる知識技能」をきちんと保有しているかを評価するものです。業績評価と能力評価を合わせて行いますので、「人事評価」と名づけています。「人事評価」は年1回行い、その結果は昇給、賞与、昇格に反映されます。

目標管理はありません。目標管理制度は、組織の満足と個人の満足を同時に達成することを目指す大変効果的な制度で、多くの会社で取り入れられていますが、目標設定能力、目標設定指導能力に相当の力量が必要であること、目標設定、目標遂行、目標評価に相当なエネルギーが必要であることを勘案し、人事スタッフが弱体な小さな会社では難しいと判断しましたので、取り入れていません。

※　「ステージ」とは、社員の処遇上の区分をいいます。一般的には「等級」と呼ばれていますが、ここでは「ステージ」と呼びます。等級は能力を内容としていますが、ステージは能力と役割を内容としています。詳しくは**図表1-9**「役割・能力を明確にする。等級からステージへ」（27ページ）を参照してください。

② 役割能力要件表は全職掌共通のみ

　人事制度は、社員の役割や能力のレベルとその発揮度合によって処遇（昇格、昇給、賞与等）を決めるものです。社員の役割や能力のレベルは、一般的には等級（本制度ではステージ）と呼ばれています。いわゆる１等級、２等級と呼ばれているものです。この場合、１等級と２等級はどこが違うのかを明確にする必要があります。１等級はこういう役割をやっている者、こういう能力を持っている者、２等級はこういう役割をやっている者、こういう能力を持っている者と明確にすれば、各等級の内容も明確になり、等級の違いも明確になってきます。等級に期待される役割と必要とされる能力を表現したものが役割能力要件表です。多くの企業では役割能力要件表を人事制度の基本に置いています。

　役割能力要件には、どのような部門でも、どのような仕事でも、その会社の社員ならば共通して行うことが必要な行動、持たなければならない能力があります。これを「全職掌共通の役割能力要件」といいます。一方、社内には様々な仕事があります。職掌固有に行うことが必要な行動や結果、保有することが必要な能力があります。これを「職掌固有の役割能力要件」といいます。

　役割能力要件表は全職掌共通と職掌固有の２つで構成されるのが基本ですが、「こぢんまり人事制度」では全職掌共通のみにしています。職掌固有を作らない理由は、職掌固有を作るには相当の時間とエネルギーがいること、小さい会社では、それぞれの仕事について職掌固有の役割能力要件を作る能力を持っている人が少ないこと、職掌固有がなくても全職掌共通で等級に期待される役割や求められる能力が明確になり、これに基づく評価制度が構築できることです。

19

③ 評価制度は人事評価だけ

評価制度は**図表 1-2** に示す「人事評価」だけです。個人目標制度はありません。

【図表 1-2】 モデル会社の人事評価項目とウェイト

ステージ	職　掌	業績項目												能力項目	合計
		業務遂行結果	報告連絡相談	チームワーク	能力開発	知識伝達	業務改善	顧客満足性	リーダーシップ	課題形成	人材育成	人事管理	組織運営	知識技能力	
Ⅶ	管理職	40							10	10	10	10	10	10	100
	専門職	30					20	10		20				20	100
Ⅵ	管理職	40							10	10	10	10	10	10	100
	専門職	30					20	10		20				20	100
Ⅴ	管理職	40							10	10	10	10	10	10	100
	専門職	30					20	10		20				20	100
Ⅳ		30	5	5	5	10	10	10	5					20	100
Ⅲ		30	10	10	5	10	10	5						20	100
Ⅱ		40	10	10	10	5	5							20	100
Ⅰ		50	10	10	10									20	100

【減点項目】 職場規律

規律違反の程度	職場規律
他に悪影響を及ぼす等、重大な問題があり、再三の注意にもかかわらず改まらなかった	－10点
軽微な問題があり、注意は受け入れるが、また再発する等して改まらなかった	－5点
特に問題なし	0点

多くの企業・組織では、**図表1-3**に示す通り、業績評価と能力評価を分けて行っています。業績と能力はその特質が違い、処遇への反映も異なるからです。

【図表1-3】　多くの企業・組織で行われている評価制度

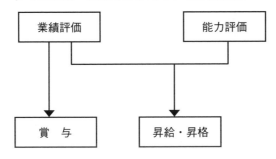

　「こぢんまり人事制度」は、簡略化を図るために**図表1-2**、**図表1-4**に示すように、業績と能力を同じ時期、同じ評価用紙で評価します。業績と能力の評価を合わせて1つの評価制度にしましたので、名前を「人事評価」としました。

【図表1-4】　こぢんまり人事制度

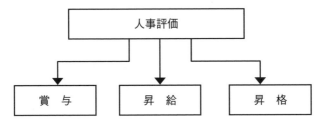

④ 評価期間は 1 年間

　賞与は半年サイクル、昇給・昇格は1年サイクルですので、評価も、賞与に反映させる業績評価は半年サイクル、昇格・昇給に反映させる能力評価は1年サイクルとする会社が多いのですが、「こぢんまり人事制度」は業績評価と能力評価をまとめて人事評価と1本にしましたので、評価期間は1年としました。昇格・昇給への反映は翌年の7月、賞与への反映は翌年の6月と12月になります。12月の冬季賞与は評価からかなり時間が経つのですが、やむを得ないと考えます。

　評価期間を1年としたもう1つの理由は、半年サイクルとすると、期初の「やることの確認」と前期の「やったことの確認面談、フィードバック」の時期が重なってしまい、現場の負担が大きくなるため、負担軽減の意味もあります。

【図表 1-5】 こぢんまり人事制度の評価と処遇の関係

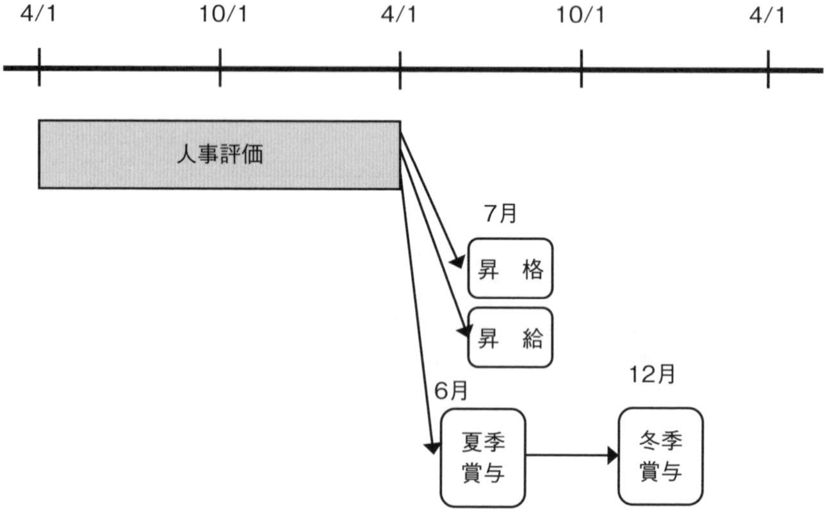

(2) 人事制度構築作業がこぢんまり

　人事制度構築は、少人数で、かつ短い期間で「こぢんまり」と行います。

① 人事制度構築プロジェクトの人数

　人事制度構築は、プロジェクトチームを組成して行います。構築プロジェクトチームは**図表1-6**に示す通り、経営トップ、人事部門責任者、コンサルタントの3人が基本です。必要最小限の人数で「こぢんまり」行います。経営トップは社長（社長の子供が次の経営者になることが決まっている場合は、その人物を加えてもよいでしょう）または実質的な経営トップを想定しています。人事部門責任者は、人事を担当する組織の責任者という意味で、人事部長、人事課長、人事部、人事課が設置されていない場合は人事担当者を想定しています。人事を社長が兼務している場合は社長が人事部門責任者になります。コンサルタントは人事コンサルタントまたは社会保険労務士を想定しています。

　経営トップの役割は、構築する人事制度の基本的方向づけを行うこ

【図表1-6】　人事制度構築プロジェクトメンバー

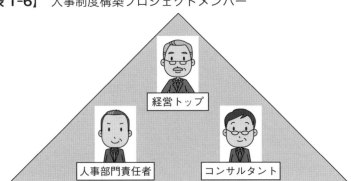

とと、具体的内容で決定事項がある場合に決定することです。

人事部門責任者の役割は、構築された人事制度を運用すること、構築プロジェクトの事務局となることです。

コンサルタントは、構築プロジェクトの推進役、調整役、事務方役です。コンサルタントが実質的に作業をしてスケジュール通り進行させ、完了させます。

② 人事制度構築に要す期間

人事制度構築に要す期間は、**図表 1-7** に示す通り 5 カ月程度を予定しており、人事制度運用にかかわる書式等の準備、説明会の実施を含めてプラス 1 カ月とし、実施は 6 カ月後からを予定しています。そのため、短期間で「こぢんまり」構築することができます。プロジェクトでの検討回数は 5 回（月 2 回開催）を予定しています。

【図表 1-7】 人事制度構築プロジェクトの進行

項　目	1月	2月	3月	4月	5月	6月	7月	8月
人事制度構築プロジェクトに入る前の準備	■	→						
現行人事制度の分析	—	→						
新人事制度の概要（Power Point）の作成	—	→						
新人事制度諸規程・役割能力要件表（たたき台）の作成	—	→						
シミュレーション	—	→						
人事制度構築の基本的方向について打ち合わせ		■						
人事制度構築プロジェクト			■	—	→			
第１回			→					
第２回			→					
第３回				→				
第４回				→				
第５回					→			
人事制度諸規程の修正			—	—	→			
役割能力要件表の修正			—	—	→			
新人事制度の概要（Power Point）の修正					→			
現人事制度と新人事制度の主な変更点作成					→			
シミュレーション					→			
新人事制度の導入準備					■	→		
用紙の準備					→			
運用ソフトの準備					→			
説明会						→		
各種研修						—	→	
新人事制度実施							■	→

2 こぢんまり人事制度の基本的考え方…役割・能力・成果に応じた処遇

「こぢんまり人事制度」は、人事の基本ファクターである「役割」「能力」「成果」の特質を生かし、バランスさせるという人事理念に基づいて構築されています。

従来の人事制度は、「役割」「能力」「成果」という人事ファクターのいずれか1つを強調して構築されています。「役割」を強調したのが「役割主義」、「能力」を強調したのが「能力主義」、「成果」を強調したのが「成果主義」です。「役割主義」、「能力主義」、「成果主義」は、それぞれ良いところもあるのですが、弱点もあります。それぞれ時代に合わなくなっている面も出てきており、問題が露呈しています。「こぢんまり人事制度」は、「役割主義」、「能力主義」、「成果主義」の弱点、問題点を克服した人事制度です。

ここでは、「役割とは何か」「能力とは何か」「成果とは何か」を明確にする必要があります。次に、「役割」「能力」「成果」についてどのように明確にするかを詳しく説明します。

【図表1-8】 役割・能力・成果の特質を生かし、バランスさせる

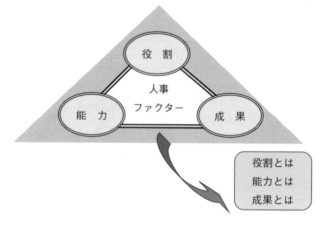

(1) 役割・能力を明確にする

まず、「役割」「能力」を明確にします。「役割」「能力」を明確にするツールとして「ステージと職掌・職位の関係表」「役割能力要件表」があります。

「ステージと職掌・職位の関係表」では、一般社員に対応する社員は4段階、管理職層に対応する社員は3段階というように、ステージの階層を明確にします。また、課長はステージⅤとステージⅥに対応させる等、役職とステージの対応関係を明確にしています。

「役割能力要件表」では、ステージに対応する「役割」「能力」を明確にします。「役割」は「期待される役割」に、「能力」は「必要とされる知識技能」によって構成されます。

社員の区分を表す言葉も、**図表1-9**に示すように「等級」から「ステージ」に変わります。「等級」は、能力主義においては能力の発展段階とされるように、「能力」の色合いが濃い言葉ですが、「こぢんま

【**図表1-9**】 役割・能力を明確にする。等級からステージへ

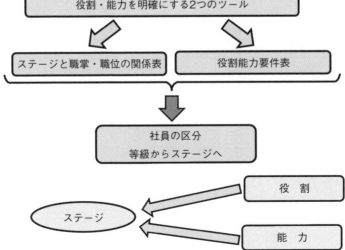

り人事制度」では社員の区分を「役割」と「能力」の２つを要素で区分しています。そのため、そのような意味を表す言葉として「ステージ」という言葉にしました。

① ステージと職掌・職位の関係表

「役割」と「能力」を明確にするツールの１つは「ステージと職掌・職位の関係表」です。モデル会社（※）の「ステージと職掌・職位の関係表」を**図表 1-10** に示します。「役割」としては、一般職は「営業職」「技術職」「事務職」の職掌、管理職は「課長」「部長」の職位、専門職も設けました。

一般職は４階層になっています。管理職の課長はステージⅤ、ステージⅥに対応させています。複数のステージに対応させていますので、職位の運用が柔軟にできます。

異動して職掌や職位が変わっても、ステージは能力で保持していると考え、ステージは変えません。

※　モデル会社は、第Ⅱ章に示す人事制度諸規程を運用している会社とします。

【図表 1-10】　モデル会社のステージと職掌・職位の関係表

ステージ	呼　称	一般職			管理職		専門職
Ⅶ	担当部長					部	
Ⅵ	担当部長				課	長	専門職
Ⅴ	担当課長				長		
Ⅳ	係　長	営業職	技術職	事務職			
Ⅲ	主　任						
Ⅱ							
Ⅰ							

② 役割能力要件表

a 役割能力要件表の構成

「役割」と「能力」を明確にするもう1つのツールは、**図表1-11**に示す「役割能力要件表」です。具体例はⅡ章**2**のサンプル役割能力要件表（94〜98ページ）です。これは「期待される役割」「必要とされる知識技能」で構成され、これによって「役割」「能力（※）」が明確になります。

【図表1-11】 役割能力要件表の構成

ステージ	（職掌）　　　　　　**事務職**	
	（部門）　　　　　　**人事課**	
	期待される役割	必要とされる知識技能
Ⅳ		
Ⅲ		
Ⅱ		
Ⅰ		

※　一般に能力には、「知識技能力」「堅確業務遂行力」「コミュニケーション力」「指導・統率力」「折衝力」等が挙げられます。能力は、一般的に直接評価することは難しいため、行動を見て、その行動から推測してこのような能力を保有していると評価する方法をとります。ただ、その中でも「知識技能力」（例えば、「就業規則他社内ルールの知識」「会社概要」「問題発見・解決技法」「OA機器操作技能」等）は、保有しているかどうかを直接評価することが、何とか可能です。

　本人事制度においては、「知識技能力」以外の能力については、回りくどく行動から能力を評価するのではなく、直接、行動を評価すればよいと考えます。直接、評価できるかということから「役割能力要件表」では能力を「知識技能力」に限定しているのです（次ページ**図表1-12**）。

【図表 1-12】 役割能力要件表では能力を知識技能力に限定

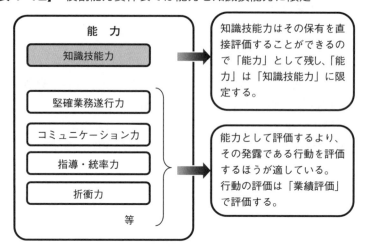

b 期待される役割の読み方

役割能力要件表の読み方ですが、まず「期待される役割」の読み方を**図表1-13**で説明します。本人のステージがⅡであったとき、ステージⅡに展開されている「期待される役割」は「やらねばならない」ということです。本人のステージよりも下、つまりステージⅠに展開されている「期待される役割」は、「やって当たり前」です。ステージⅠに展開されている「期待される役割」がきちんとできた者がステージⅡに昇格しているからです。本人のステージよりも上、つまりステージⅢやステージⅣに展開されている「期待される役割」は、「やってはならない」ということではありません、「やってもよい」のです。いや、もっと積極的に挑戦すべき役割と捉えることが期待されています。

【図表1-13】 役割能力要件表「期待される役割」の読み方

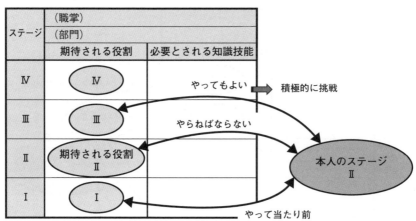

c　必要とされる知識技能の読み方

　「必要とされる知識技能」についても同じです。本人のステージが
Ⅱであったとき、ステージⅡに展開されている「必要とされる知識技
能」は、**図表 1-14** に示すように「保有しなければならない」とい
うことです。本人のステージよりも下、つまりステージⅠに展開され
ている「必要とされる知識技能」は「すでに保有している」と考えら
れます。ステージⅠに展開されている「必要とされる知識技能」をき
ちんと保有している者がステージⅡに昇格しているからです。本人の
ステージよりも上、つまりステージⅢやステージⅣに展開されている
「必要とされる知識技能」は「勉強してはならない」ということでは
ありません。「勉強してもよい」のです。積極的に挑戦すべきものと
捉えることが期待されています。

【図表 1-14】　役割能力要件表「必要とされる知識技能」の読み方

ステージ	（職掌）	
	（部門）	
	期待される役割	必要とされる知識技能
Ⅳ		Ⅳ
Ⅲ		Ⅲ
Ⅱ		知識技能 Ⅱ
Ⅰ		Ⅰ

勉強してもよい　➡　積極的に挑戦

保有しなければならない

本人のステージ Ⅱ

すでに保有している

d　役割能力要件表と人事評価の関係

役割能力要件表と人事評価の関係を**図表 1-15**で説明します。

仮に、本人のステージがⅡであった場合、「役割能力要件表」のステージⅡに展開されている「期待される役割」はきちんと果たす必要があります。ステージⅡに展開されている「期待される役割」をきちんと果たしているかを評価するのが業務遂行結果、報告連絡相談、チームワーク、能力開発、顧客満足性等の業績項目の評価です。

本人のステージがⅡであった場合、「役割能力要件表」のステージⅡに展開されている「必要とされる知識技能」はきちんと保有していることが必要です。ステージⅡに展開されている「必要とされる知識技能」をきちんと保有しているかを評価するのが「知識技能力評価」です。（※）

※　業績項目の評価と能力項目の評価について

人事評価項目は、**図表 1-2**（20ページ）の「モデル会社の人事評価項目とウェイト」に示すように、業績項目と能力項目から構成されています。業績項目は業務遂行結果、報告連絡相談、チームワーク、能力開発等です。能力項目は知識技能力です。

【図表 1-15】　役割能力要件表と人事評価の関係

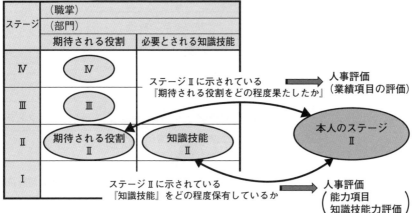

e　役割能力要件表は人事制度の核

　役割能力要件表は、**図表1-16**に示すように人事制度の「核」になります。この役割能力要件表を中心として人事の各システムは機能しています。

　「業績項目の評価」は「期待される役割」をいかに果たしたかです。「知識技能力評価」は「必要とされる知識技能」をきちんと保有しているかどうかを評価することですから、「知識技能」と関係します。

　「能力開発システム」は「必要とされる知識技能」をきちんと保有させるシステムですので、「知識技能」が関係します。

　「昇格」は「人事評価（業績項目の評価・知識技能力評価）」と関係します。

　「中途採用社員の格付け」も「期待される役割」「必要とされる知識技能」がどれほどの段階であるかによって格付けされます。

　このように、人事の各システムは、役割能力要件表を中心に回っていると見ることができます。

【図表1-16】　役割能力要件表は人事制度の核

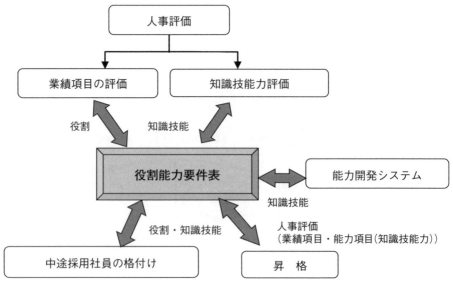

(2) 成果を明確にする

① 成果とは

ここまでで「役割」「能力」が明確になりました。次は、「成果」を明確にします。

「成果」は**図表1-17**に示すように「やるべきこと」を「どれだけやったか」と定義します。至極単純ですが、単純な中に真実があると考えます。

【図表1-17】 成果とは

ここに「成果（業績）」とありますが、成果と業績は同じ意味と考えてください。文脈によって使い分けています。「役割・能力・成果」という場合や成果主義という場合は「成果」を使っています。後に「評価」という言葉が付く場合は、「業績評価」として「業績」を使っています。

a 成果の体系

次に、企業、部門、個人の業績（成果）の関係を考えてみたいと思います。企業のやるべきことは「経営目標」です。企業の中には部門があります。必要性があるから部門を設置しているのです。部門のやるべきことは「部門の目的」です。部門の中には個人がいます。個人はそれぞれ役割を担っており、個人のやるべきことは「期待される役割」となります。

そして、企業のやるべきことは「経営目標」ですから、「企業の業績」は「経営目標」をどれだけやったかということになり、「部門の業績」は「部門の目的」をどれだけやったかということになります。また、個人の業績は「期待される役割」をどれだけやったかということになります。処遇は個人の業績に基づいて行いますので、個人の業績に集約させる必要があります。その場合、部門の業績と個人の業績の関係を考えることが必要です。管理職と管理職以外では部門業績に対する責任の度合が異なります。管理職は、部門業績責任者としての役割があり、管理職以外は、部門構成員として部門業績に貢献するという役割があります。この管理職、管理職以外に期待される役割に応じて、個人業績の中の部門業績を考えればよいということになります（**図表1-18**）。

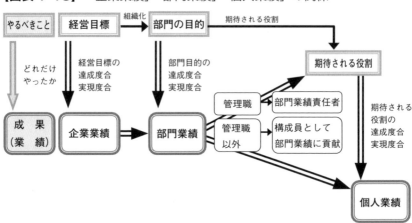

【図表1-18】　「企業業績」「部門業績」「個人業績」の関係

② 管理職の成果

次に管理職の成果を考えてみましょう。

個人の成果（業績）は、**図表 1-19** に示すように、個人が「やるべきこと」すなわち個人に「期待される役割」をどれだけやったかということになります。

【図表 1-19】　個人の成果（業績）とは

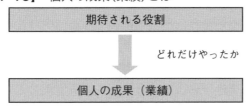

管理職の成果（業績）を考える場合も、「管理職に期待される役割」とは何かを明確にすることが必要です。

管理職に期待される役割は、**図表 1-20** に示すように「部門業績責任者」「部門活性化推進者」の2つであると考えられます。個人の成果（業績）とは、「期待される役割」をいかに果たしたかということですから、管理職の成果（業績）はこの2つの役割をどの程度果たしたかということになります。

【図表 1-20】　管理職に期待される役割

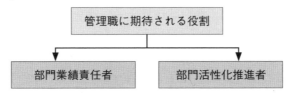

a　部門業績責任者

　管理職の役割の「部門業績責任者」としての役割は、比較的わかりやすいと思います。営業所長であれば、営業所の売上高目標、営業利益目標を達成することが、その業績責任を果たしたということになります。

　しかし、営業所長のように目標が数値化されている部門では、管理職に部門業績責任者としての役割があることは容易に理解できますが、数値がはっきりしない総務部や経理部のような部門の管理職の部門業績は、どのように考えたらよいでしょうか。また、こうした部門の長が果たすべき責任とはどのようなものでしょうか。

　総務部や経理部も必要性があって設けられた組織です。この必要性を「部門の目的」といいます。「部門の存在意義」、「部門の使命」といってもよいと思います。部門の長は、部門の目的、部門の存在意義、部門の使命を十分認識し、それを実現、達成することが求められます。総務部長や経理部長といった部門の長は、これらを実現し、達成する責任があるのです。つまり、「部門の業績」というのは、「部門の目的」をどのくらい実現したか、達成したかということになり、総務部や経理部といった数値化が難しい部門にも業績はあるということになります。

b　部門活性化推進者

　管理職の役割として、部門業績責任者のほうはわかりやすいのですが、部門活性化推進者というのはわかりづらいのではないでしょうか。

　そこで、まず部門活性化推進者という言葉の中で、前半の「部門活性化」について考えてみることにします。「部門活性化」は、一般的には「組織活性化」といわれています。部門も組織に含まれますので、「組織活性化」ということで考えればよいと思います。

それでは、「組織活性化」とはどういう状態を意味するのでしょうか。それは**図表 1-21** に示すように、「変化している」「やる気に満ち溢れている」「コミュニケーションが良い」の３つの状態になっていることが「組織が活性化している状態」といえるのではないかと思います。

【図表 1-21】　組織活性化している状態

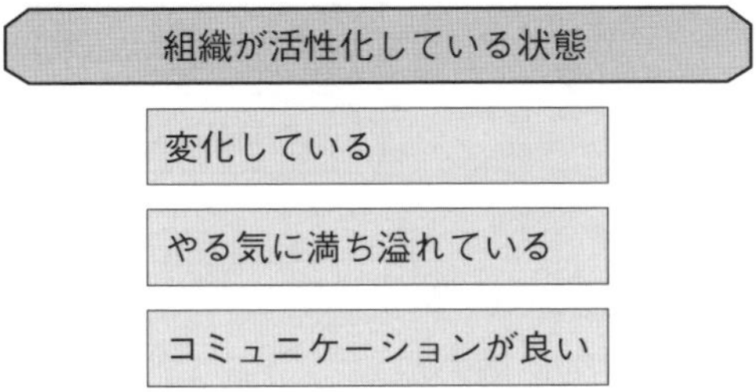

組織が活性化している状態

変化している

やる気に満ち溢れている

コミュニケーションが良い

1）変化している

　企業および部門を取り囲む外部の環境は、刻々と変化しています。変化のスピードは年々早まっています。これに対応して企業および部門は自ら変化することの必要性を認識し、変化を実現していくことが求められています。活性化している組織の１つの状態としては「変化している」ということが挙げられます。逆に「変化していない組織」は淀んでおり、不活性な状態であるといえます。いわゆる「ぬるま湯」の状態がこれに当たります。

　管理職には、組織活性化を推進する者としての役割があります。「変化させる」ことを推進する行動としては、次ページ**図表 1-22** に示す通り、必要な情報を感度良く収集・分析し、問題を発見・発掘して、課題形成を行い、的確で機会損失のない部門計画を策定し、これを実現していくことが求められます。これをここでは「課題形成」と呼びます。

【図表 1-22】 変化を実現する

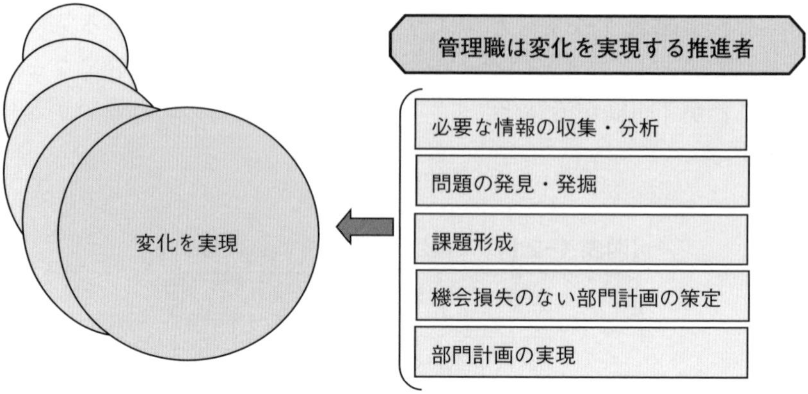

管理職は変化を実現する推進者

- 必要な情報の収集・分析
- 問題の発見・発掘
- 課題形成
- 機会損失のない部門計画の策定
- 部門計画の実現

変化を実現

2）やる気に満ち溢れている

部門の構成員がやる気に満ち溢れている状態も、「組織活性化」の1つの表れと見ることができます。活性化している組織はやる気に満ち溢れています。

それでは、「やる気」はどのような要因から生じるのでしょうか。やる気を引き起こす要因としては、「自分が行ったことが公正に評価される」「自己実現の欲求が満たされる」を挙げることができます。

部下の「自分が行ったことが公正に評価される」という実感は、管理職が「部下の評価を公正に行う」ことによって得られます。「部下を公正に評価すること」は、組織活性化推進者として管理職が行うべき重要な役割です。

「自己実現の欲求」とは、マズローの5段階欲求説の一番上位に位置づけられている欲求です。これは自分が何をできるかを確かめ、その限界を広げ、自己を実現するという欲求です。つまり、自分のやりたい仕事ができる、それを達成する、そのことを通じて自分がもう一回り大きくなっているのが実感できるということです。このような自己実現を実感することがやる気につながります。自己実現は、自分がもう一回り大きくなることを実感することであり、自分を高め、自分の能力を開発するということです。「部下の自己実現の欲求を満たす」

ために管理職が行う行動は、具体的には「部下を育成する」ということになります（**図表 1-23**）。

【図表 1-23】 やる気に満ち溢れている

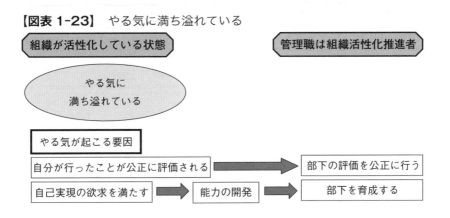

3) コミュニケーションが良い

　組織が活性化している現象として、最後に挙げられるのは「組織内のコミュニケーションが良い」状態です。恐怖政治を敷き「物言えば唇寒し」という状態では活性化している組織とはいえません。風通しが良く、何でも議論でき、自由闊達な組織風土になっていることが活性化している組織の条件であるといえます。

　「コミュニケーションが良い」ことで管理職に期待される行動は、「適切な指示・連絡・会議」「部下・上司との円滑なコミュニケーション」「他部門との連携・調整」をしっかり行うことになります（**図表 1-24**）。

【図表 1-24】 コミュニケーションが良い

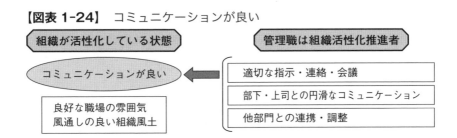

組織活性化推進者として管理職に期待される役割をまとめて示したのが**図表 1-25** です。

【図表 1-25】 組織活性化推進者としての役割

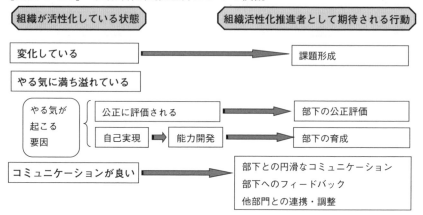

C　管理職の成果

管理職の成果（業績）をまとめると、**図表 1-26** に示す図のようになります。

管理職に期待される役割は、部門業績責任者と部門活性化推進者であり、これをいかに果たしたかが管理職の成果（業績）ということになります。

部門業績責任者として管理職に期待されることは「部門目標達成」です。

部門活性化推進者として管理職に期待される行動は、「課題形成」「部下の公正評価」「部下育成」「コミュニケーション」になります。

このように考えると、管理職の成果（業績）は部門業績責任者としての役割を果たすことだけでないことがわかります。「機会損失のない部門計画を策定すること」「部下をきちんと評価すること」「部下をしっかり育成すること」「部門内、部下、上司、他部門とのコミュニケーションをしっかり行うこと」も管理職の成果（業績）になります。

世間一般では、「部門業績責任者の役割を果たしたか」というところで管理職の成果（業績）としているところが多いように思われます。しかし、「課題形成」「部下の公正評価」「部下育成」「コミュニケーション」といった部門活性化推進者としての役割を果たすことも、管理職の成果（業績）と見ることが必要ではないでしょうか。

【図表1-26】　管理職の成果

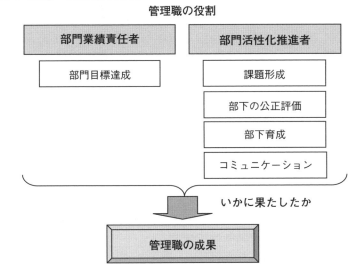

（3）　人事評価制度

① 人事評価項目とウェイト

　次ページ**図表1-27**は、人事評価項目とウェイトを示した表です。
　人事評価は、「業績項目」と「能力項目」から構成されています。「業績」と「能力」はその本質が異なりますので、別々に評価するのが至当と思われます。世間一般の評価制度もそのようになっていて、昇給、賞与、昇格という処遇の性格に合わせ「業績」と「能力」の割合を変

【図表 1-27】 人事評価項目とウェイト
【業績・能力項目】

ステージ	職掌	業務遂行結果	報告連絡相談	チームワーク	能力開発	知識伝達	業務改善	顧客満足性	リーダーシップ	課題形成	人材育成	人事管理	組織運営	知識技能力	合計
VII	管理職	40							10	10	10	10	10	10	100
VII	専門職	30					20	10		20				20	100
VI	管理職	40							10	10	10	10	10	10	100
VI	専門職	30					20	10		20				20	100
V	管理職	40							10	10	10	10	10	10	100
V	専門職	30					20	10		20				20	100
IV		30	5	5	5	10	10	10	5					20	100
III		30	10	10	5	10	10	5						20	100
II		40	10	10	10	5	5							20	100
I		50	10	10	10									20	100

【減点項目】 職場規律

規律違反の程度	職場規律
他に悪影響を及ぼす等、重大な問題があり、再三の注意にもかかわらず改まらなかった	− 10点
軽微な問題があり、注意は受け入れるが、また再発する等して改まらなかった	− 5点
特に問題なし	0点

えるという仕組みをとっています。「こぢんまり人事制度」では、簡単に運用できるようにするために「業績」と「能力」の評価を１つの評価用紙にまとめたものにしています。筆者の経験上、「業績」と「能力」の評価を１つの評価用紙にまとめても、それほど結果は異ならないということがわかっているからです。

　管理職の評価項目とウェイトを見ると、部門業績責任者に対応する評価項目の「業務遂行結果」のウェイトは40％になっています。これが100％でないことに留意してください。部門活性化推進者として

の「課題形成」「部下の公正評価」「部下育成」「コミュニケーション」も、それぞれ「課題形成」「人事管理」「人材育成」「組織運営」という評価項目で管理職の成果（業績）を評価する仕組みになっています。

「こぢんまり人事制度」では、個人目標制度は採り入れていません。個人目標制度を運用するには、人事担当者の運用能力、管理職の目標設定指導能力、社員の目標設定能力がある程度のレベルに達していることが必要です。「こぢんまり人事制度」を導入する企業は、まだそのレベルに達していないのではないかとして個人目標制度を採り入れていません。個人目標制度を運用できるレベルになり、採り入れたいという気持ちが強ければ、採り入れることは可能です。

職場規律については、守って当たり前ですので、上司の注意にもかかわらず改まらない場合は減点としました。

② 人事評価項目の評価基準

評価項目は、**図表1-28**に示すように「評価項目の定義（意味）」と「評価の段階」から構成されています。

「評価項目の定義（意味）」は、会社の経営理念や社員に期待する行動指針に基づいて、よく吟味して設定します。

「評価の段階」は5段階とします。「5」が、会社が期待・要求する水準です。「5」を目指して仕事をしてくださいということです。

【図表1-28】 人事評価項目　評価基準

1	業務遂行結果	本人に与えられた職務を、段取り良くテキパキと遂行し、その結果は正確でミスがなく、出来映えも期待通りであり、信頼が置けたかを評価する項目	評価項目の定義（意味）
5		まったく期待通りで、申し分なかった	
4		ほぼ期待通りであった	
3		期待通りとはいえないが、業務に支障を来すことはなかった	評価の段階
2		期待通りでないことが時々あり、業務に支障を来すことがあった	
1		期待からはほど遠く、しばしば業務に支障を来した	

絶対評価で行いますので、評価項目の定義（意味）と評価の段階が、唯一絶対のモノサシになります。
　「業務遂行結果」という評価項目がありますが、これは「仕事の結果」を評価するものです。**図表 1-29** に挙がっている「定常業務・ルーチンワーク」「非定常業務」「売上目標・利益目標」「部門業績（管理職）」「専門的職務遂行（専門職）」を評価します。「定常業務・ルーチンワーク」「非定常業務」は、従来の評価項目では「仕事の質と量」「正確度」「迅速度」等で評価していましたが、この「業務遂行結果」で評価します。
　個人目標制度は行わないことにしていますので、個人目標で扱っている項目は、大体この「業務遂行結果」で評価することになります。例えば、営業は、売上目標達成・利益目標達成が必須で、個人目標になじむものですが、これは「業務遂行結果」で評価します。
　管理職は部門業績責任者ですので、部門業績に関することは管理職の個人目標に設定して評価することが多いですが、部門業績に関することは管理職の「業務遂行結果」で評価します。また、専門職の専門的職務遂行も、専門職の「業務遂行結果」で評価します。
　なお、業務改善は、個人目標制度があれば個人目標に設定するところですが、この評価は、「業務遂行結果」ではなく、「業務改善」という評価項目で評価します。

【図表 1-29】　「業務遂行結果」で評価するもの

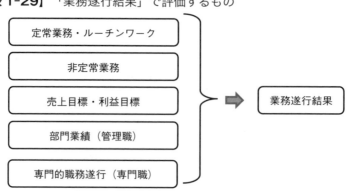

この評価制度は、評価項目の定義（意味）と評価の段階を唯一絶対のモノサシとする絶対評価で行います。

　評価段階の「5」は会社が期待・要求する水準です。「5」を目指して仕事をしてくださいということです。全員が「5」の段階であれば、全員を「5」と評価することは可能です。

　それでもなかなか「5」を評価されるのは難しいでしょう。**図表 1-30**にあるように、ある評価項目でA君は「3」と評価されたとします。「3」と評価されたのは、「5」の段階に比べると何か不足しているから「3」と評価されたわけです。そのようなとき、上司は不足している点を明確にA君に伝える（フィードバックする）必要があります。A君はその不足している点を次の期に頑張ればよいのですから、頑張らなければならない目標も明確になります。そして、不足している点を克服し、能力を開発すれば、「5」の評価になります。評価を通じて能力開発を行うことを狙っているのです。

【図表 1-30】 　絶対評価の目的

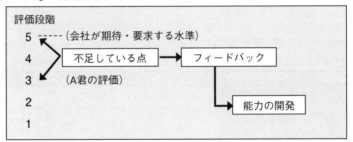

③ 人事評価得点の計算方法

　人事評価得点は次の通り計算します。

a　業績項目および能力評価項目

　人事評価項目別の5段階評価結果を5で除し、「人事評価項目とウェイト」の評価項目別ウェイトを乗じて算出し、これを合計します。

$$
人事評価項目別ウェイト \quad \times \quad \frac{人事評価項目別の評価結果}{5}
$$

b　減点項目の計算

「職場規律」に問題のある者があれば、一次評価者、二次評価者が評価してその点数を算出します。

c　人事評価得点の計算

人事評価の得点は次の通り算出します。

人事評価得点　＝業績項目得点および能力項目得点　－　減点項目得点

d　人事評価得点の計算の具体例

人事評価得点の計算の具体例を示せば、**図表1-31**の通りになります。

【図表1-31】 人事評価得点　計算方法の例　ステージⅡの場合

評価項目		ウェイト	評　価	計算方法	評価得点
業績項目	業務遂行結果	40	4	$40 \times \frac{4}{5}$	32
	報告連絡相談	10	3	$10 \times \frac{3}{5}$	6
	チームワーク	10	4	$10 \times \frac{4}{5}$	8
	能力開発	10	3	$10 \times \frac{3}{5}$	6
	知識伝達	5	5	$5 \times \frac{5}{5}$	5
	業務改善	5	3	$5 \times \frac{3}{5}$	3
能力項目	知識技能力	20	4	$20 \times \frac{4}{5}$	16
計		100			76

《減点項目》　職場規律　　0点
《人事評価得点》
　人事評価得点　＝　　　　《減点項目》
　　　76点　＝　76点　－　　0点

48

④ 人事評価結果を的確に昇格・昇給・賞与に反映させる仕組み

人事評価結果は、**図表1-32**に示す通り、昇格・昇給・賞与に反映されます。

【図表1-32】 人事評価結果を的確に昇格・昇給・賞与に反映させる仕組み

⑤ 人事評価と処遇の時系列の関係

人事評価と処遇の時系列の関係は、**図表1-33**に示す通りです。人事評価は、4月1日から翌年の3月31日の1年間についてを、翌年の4月に評価します。人事評価得点を7月の昇格・昇給に反映し、また、6月の夏季賞与、12月の冬季賞与に反映させます。

【図表1-33】 人事評価と処遇の時系列の関係

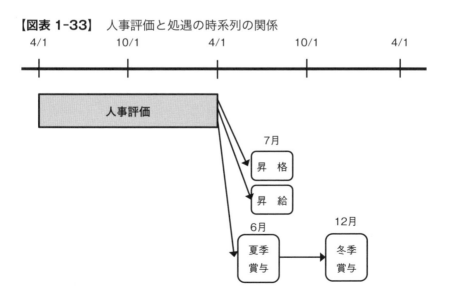

(4) 賃金制度

① 給与体系

　モデル会社の給与体系を示すと、**図表1-34**の通りです。現行の賃金項目から変更が必要なところは、基本給、ステージ手当、職位手当、調整手当です。他の賃金項目は、特に変更の必要性がなければ、変更する必要はありません。**図表1-34**では家族手当が表示されていますが、住宅手当、業務手当、皆勤手当等がある場合は現状のまま表示します。

【図表1-34】　給与体系

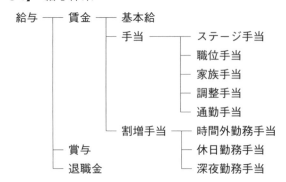

② 基本給

　基本給は賃金表を作成しません。**図表1-35**に示すように、ステージごとに上限・下限のレンジを設定するだけです。昇給は基本給のレンジの中で行います。

　図表1-36は、ステージ別の基本給レンジをグラフで表したものです。

ステージは役割と能力を表していますので、ステージが上になるほど上限は上になっています。
　ステージ間でレンジは重なっています。ステージは役割と能力を表しているということからすると、重なり合わないほうが理にかなっていますが、こうすると運用が窮屈になります。ここでは理論面より運用面を重視して重なり合う構造にしています。

【図表1-35】　基本給

ステージ	下　限	上　限
ステージⅦ	330,000円	450,000円
ステージⅥ	290,000円	400,000円
ステージⅤ	260,000円	360,000円
ステージⅣ	230,000円	320,000円
ステージⅢ	200,000円	290,000円
ステージⅡ	180,000円	270,000円
ステージⅠ	160,000円	250,000円

【図表1-36】　ステージ別　基本給レンジ

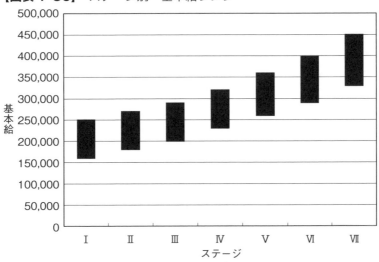

昇給は、**図表1-37**に示すようにステージの基本給のレンジの中で行います。人事評価により昇給額に多い少ないはありますが、毎年昇給がありますので、ある程度は年功で昇給します。しかし、そのステージの上限に達すると昇給はストップします。そのステージにいる限りこれ以上の年功は認めないということになります。基本給を増やしたいならば役割のレベルを上げること、すなわち昇格することが必要になります。そういう意味で、昇格が重要になっています。

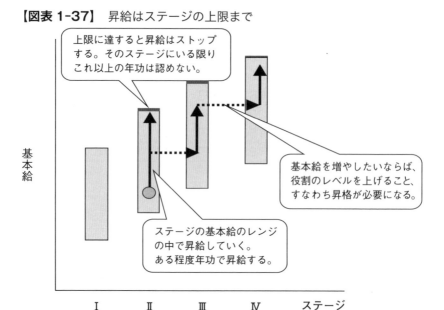

【図表1-37】　昇給はステージの上限まで

③ ステージ手当

　昇格したときは、基本給は昇格後のステージの基本給と同じ額で横滑りし、増加しません。ただし、昇格前の基本給が上位ステージの下限より下にある場合は、昇格によって上位ステージの下限まで昇給します。

【図表 1-38】 ステージ手当

ステージ	ステージ手当
Ⅶ	70,000円
Ⅵ	60,000円
Ⅴ	50,000円
Ⅳ	15,000円
Ⅲ	10,000円
Ⅱ	5,000円
Ⅰ	0円

Ⅶ⇔Ⅵ 10,000円
Ⅴ⇔Ⅳ 35,000円
Ⅱ⇔Ⅰ 5,000円

　昇格したとき基本給は増加しませんので、昇格昇給は**図表 1-38**に示すようにステージ手当で充てることにします。モデル会社のステージ手当は、ステージⅠ⇒Ⅳの一般社員層では5,000円、ステージⅤ⇒Ⅶの管理職層では10,000円の昇格昇給があるように設計しています。ステージⅣ⇒Ⅴのところではステージ手当が大きく増加しますが、これはステージⅤからは管理職となり、時間外手当がつかなくなることに対しての処置です。（※）

※　管理監督者について

　ここではステージⅤから管理職となり、時間外手当がつかなくなるとしていますが、管理監督者については、厚生労働省の行政通達では、次の判断枠組みが示されています。

　要件1　労務管理等について経営者と一体的な立場にあること

　要件2　厳格な出退勤管理を受けず、自らの勤務について裁量権があること

　要件3　その地位、役職に相応しい賃金等の処遇を受けていること

　管理監督者に該当するか、時間外手当の支給対象者とするかは、これに沿った判断をしてください。

　ステージ手当は基本給と一体となって運用されますので、基本給のレンジを考える場合は、次ページ**図表 1-39**に示すように、基本給＋ステージ手当として見ることが必要です。

【図表 1-39】 ステージ別　基本給＋ステージ手当レンジ

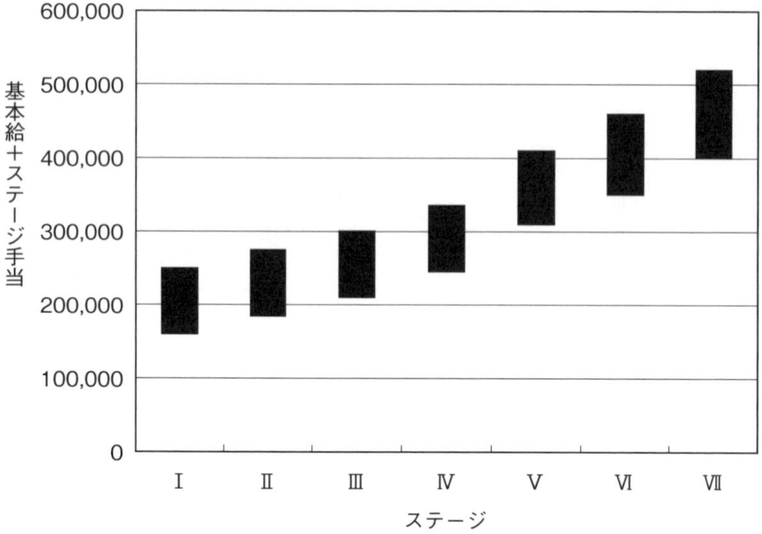

（縦軸：基本給＋ステージ手当）
（横軸：ステージ　Ⅰ　Ⅱ　Ⅲ　Ⅳ　Ⅴ　Ⅵ　Ⅶ）

④ 職位手当

　職位手当は、職位に対応して支給する手当です。職位手当は、ステージ手当の額を勘案しながら決めるようにします（**図表 1-40**）。

【図表 1-40】　職位手当

職　位	職位手当
部　長	30,000 円
課　長	20,000 円
専門職	10,000 円

⑤ その他手当

　モデル会社ではその他の手当として**図表 1-41**に示す家族手当があります。

【図表 1-41】 家族手当

扶養者	家族手当
なし	0円
配偶者	20,000円
子（1人当たり）	5,000円
父母および祖父母（1人当たり）	5,000円

⑥ 賃金組替

賃金組替は、**図表 1-42** のように行います。

　賃金組替にあたっては、賃金総額は変えないことが原則です。現行30万円の者は組替後も30万円ということにします。もしも賃金が減少する者があるということになれば、新しい人事制度が賃金を減らすためのものだと受け取られ、社員から支持されない恐れが出てきます。

　基本給は現行賃金総額から諸手当を差し引いて算出します。ステージ手当は本人がどのステージに格付けされるかによって定まっており、職位手当は本人がどの職位に就いているかによって定まっていま

【図表 1-42】 賃金組替

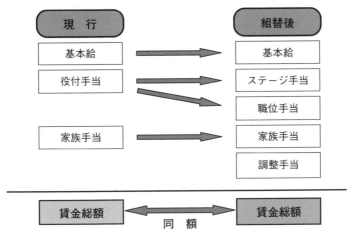

す。家族手当等も給与規程に定める額で定まっています。

　その場合、それぞれのステージの基本給の上限・下限のレンジの中に収まってくれれば問題はないのですが、上限を超えた者、下限を下回った者が発生することがあります。その場合は調整手当で対応します（**図表 1-43**）。

【図表 1-43】　調整手当

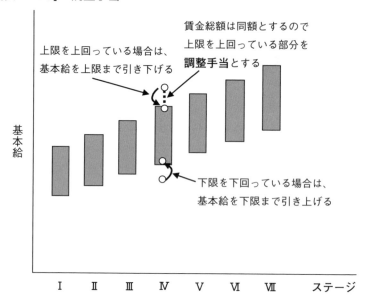

(5) 人事評価結果の運用

① 昇格・降格

a　昇格とは

　昇格とはステージが上がることです。「こぢんまり人事制度」では、**図表 1-36**（51 ページ）に示すように、ステージごとに基本給は上限・下限が定められています。ステージの上限までは昇給しますが、上限に達すると、そのステージに留まっている限りそれ以上の昇給はありません。社員は賃金を増やそうと思えば、昇格することが必要です。そのため、本人事制度では昇格は大変重要です。

　昇格するには、**図表 1-44** に示す 3 つの基準すべてをクリアする必要があります。

【図表 1-44】　昇　格

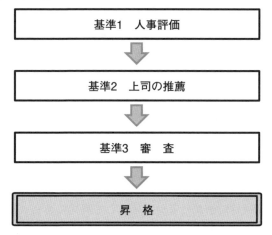

b　基準1　人事評価

　昇格基準1は「人事評価」です。**図表1-45**に示すモデル会社の基準では、経験年数2年間の持点が160点以上ですから、1年平均の点数は80点以上ということになります。また、経験年数3年間の持点は210点以上ですから、1年平均の点数は70点以上ということになります。人事評価の点数が高い者が早く昇格する仕組みになっています。また、昇格するには、最低でも70点以上が必要で、70点に満たなければ永久に昇格できないことになります。なお、経験年数2年間の持点ということですから、1年では昇格できないことになります。

【図表1-45】　基準1　人事評価

経験年数2年間の持点	経験年数3年間の持点
160点以上	210点以上

　①　経験年数（持点計算上必要とする、遡ってみるべき年数）
　②　持点（経験年数期間中の人事評価得点の合計）

　この仕組みを例で示すと**図表1-46**のようになります。

　A君、B君、C君、D君、E君が同じ年度にステージⅢに昇格し、その次からの各年度人事評価得点が**図表1-46**に示すようであったとき、ステージⅣに昇格する昇格基準1をクリアするのは○で囲った年度ということになります。

c　基準2　上司の推薦

　基本的には、基準1の人事評価得点で昇格を考えればよいのですが、昇格にあたっては次の要素も考慮することが必要になります。

---

1)　人事評価項目に挙がっていないことも昇格にあたっては考慮する必要がある。例えば、人柄、教養、常識、礼儀作法　当事者意識、発想の柔軟性等

2)　上のステージの仕事ができる能力があるか、すでに上のステージ

の仕事をやっているか

3) 本人のステージの役割能力要件表の「期待される役割」「必要と
される知識技能」を１つひとつチェックし、できている、保有して
いることを確認する（人事評価の業績項目は「期待される役割」を
やっているかを評価することであるが、重点を絞っているので、漏
れもある。もう一度役割能力要件表の「期待される役割」を１つひ
とつチェックし、できていることを確認する）

【図表 1-46】 昇格基準１をクリアする者

人事評価得点	Ａ君	Ｂ君	Ｃ君	Ｄ君	Ｅ君
第１年度	80	70	60	45	68
第２年度	⑧⓪	70	65	45	68
第３年度	80	⑦⓪	70	80	68
第４年度	82	70	⑦⑤	⑧⓪	68
第５年度	84	70	80	50	70
第６年度	86	70	85	80	70
第７年度	86	70	85	50	68
第８年度	86	70	85	80	70
第９年度	86	70	85	50	70

※ Ａ君は第２年度で第１年度からの２年間の持点が160点になり、昇格基準１
をクリアしている。

※ Ｂ君は第３年度で第１年度からの３年間の持点が210点になり、昇格基準１
をクリアしている。

※ Ｃ君は第４年度で第２年度からの３年間の持点が210点になり、昇格基準１
をクリアしている。

※ Ｄ君は第４年度で第３年度からの２年間の持点が160点になり、昇格基準１
をクリアしている。

※ Ｅ君はどの年度をとっても２年間で160点以上、３年間で210点以上の昇格基
準１をクリアしておらず昇格はない。

昇格推薦書の様式は**図表 1-47** に示す通りです。昇格推薦する場合は、一次評価者、二次評価者は「上記の者を昇格させることを推薦します」欄に「○」をつけ、所見欄に昇格推薦の意見を記入します。

【図表 1-47】 昇格推薦書

昇格推薦書							

年度	社員番号		ステージ		職　位		職　掌	

	氏　名				所　属		

一次評価者	上記の者を昇格させることを推薦します。	上記の者を昇格させることを推薦しません。		二次評価者	上記の者を昇格させることを推薦します。	上記の者を昇格させることを推薦しません。
		印				印
	所見				所見	

d　基準3　審　査

　基準3は「審査」です。モデル会社では、審査は**図表1-48**に掲げた項目で行っています。特に、管理職に昇格するとき（ステージⅣからステージⅤへ）は、厳格に行います。

【図表1-48】　審　査

ステージ	審査項目	審査・決裁
Ⅵ⇒Ⅶ	面接	
Ⅴ⇒Ⅵ	面接	
Ⅳ⇒Ⅴ	レポート・面接	社　長
Ⅲ⇒Ⅳ		
Ⅱ⇒Ⅲ		
Ⅰ⇒Ⅱ		

　審査は最終関門ですので、次のようなことを考慮しながら慎重に進めます。

1）役職の空き具合はどうか

　部長、課長のポストの数には限度があります。ポストの空き具合を見ながら昇格を判断することも必要です。

2）各ステージの人員バランスはどうか

　一般社員層もステージごとの人員のバランスを考えることが必要です。特定のステージが多くならないようにバランスをとることも必要です。

3）人件費はどのくらい増加するか

　昇格させると人件費は増加します。長期的にはステージの基本給の上限までは年功で昇給しますので、そこまでの人件費を覚悟して、上限に達した場合の年収がどのくらいになるかを想定し、会社全体の人

件費を想定します。その場合、会社の収益で賄っていけるのかどうか
も検討して昇格を決めることが必要です。

e 降格とは

降格とはステージが下がることです。降格が頻繁にあると社員は
「明日は我が身」という気持ちになり、安心して働けないような雰囲
気になります。社内が緊張感もなくぬるま湯状態では問題があります
が、逆に安心して働けないような状態も好ましくありません。適度な
緊張感がある程度がよいのです。

降格は組織に緊張感を与える程度にし、滅多に抜かない「伝家の宝
刀」であればよいのではないでしょうか。

モデル会社では降格を**図表 1-49** のように定めています。

【図表 1-49】 降格の基準

① 人事評価で2年連続40点未満の場合
② 能力・気力・体力の著しい減退、あるいは就業規則第○○条の懲戒事由に該当する場合

1）人事評価で2年連続40点未満の場合

人事評価が悪く2年連続で40点未満の場合は、降格もやむを得な
いと思います。

人事評価得点が40点とは、次のような例です。人事評価項目は5
段階評価になっています。すべての評価項目で「5」であれば「100点」
になります。「4」であると「80点」、「3」であると「60点」、「2」で
あると「40点」、「1」であると「20点」となります。最低の評価は「1」
で、最低でも「20点」がつきます。「0点」はありません。つまり、「40
点未満」というのは、最低の評価である「1」が相当ある状態です。
そのような場合は降格もやむを得ないでしょう。さらに、これが2年
連続ですから、悪い状態が続いているということです。

62

2）能力・気力・体力の著しい減退、あるいは就業規則第○○
条の懲戒事由に該当する場合

能力・気力・体力が著しく減退し、やる気が出なくて、仕事ができ
ないような状態である場合も、降格はやむを得ないでしょう。就業規
則の懲戒事由に当たる場合は、就業規則上の制裁がなされていると思
われますが、処遇上も降格ということにして、制裁を課しています。

② 昇　給

a　賃金表を使わない昇給の仕組み

昇給は、ステージごとに設定されている基本給レンジの中の上昇と
なります。当然、レンジの上限に達すれば、それ以上に昇給はしませ
ん。

基本給の昇給計算の仕組みは**図表 1-50** に示す通りです。

【図表 1-50】　基本給の昇給

> 昇給額 ＝ 基本昇給額 × ステージ係数 × 逓減率 × 補正比率

基本給はステージごとに上限・下限のレンジがあるだけで、賃金表
はありません。賃金表に基づかない昇給管理の狙い・長所は次の通り
です。

1）ベースアップがない

基本給には賃金表がありませんので、当然ベースアップという概念
もありません。ベースアップという概念は、賃金表で管理する場合の
固有の概念です。ベースアップは賃金表の書き換えであり、ベース
アップがあると、すべての社員がベースアップ分だけ昇給することに
なります。つまり、成果や能力や役割に関係なく、全社員に満遍なく
昇給させるというやり方であり、人件費管理という面ではやや問題が

あります。

　賃金表がない基本給にはベースアップという概念はありませんが、インフレが起きた場合は、上限・下限のレンジを上方へ移動させることがあります。しかし、これはレンジの移動であって、レンジの中にいる1人ひとりの社員の基本給を上方に移動させることはありません。ただし、下限近くの者がレンジ移動後の下限を下回る場合は移動後の下限まで昇給させることはあります。

　2）弾力的に昇給管理ができ、昇給原資との調整が容易にできる

　賃金表による昇給の場合は、賃金表の号俸ピッチが数百円単位で粗い場合は昇給原資とぴったりと調整することが難しく、また、評価は分布を考えた相対評価によらなければ昇給原資通りに収めるのが難しくなります。しかし、本方式で行えば、ピッチは円単位であると考えることもでき、また、絶対評価で行っても昇給原資内にきちんと収めることが可能です。

b　基本昇給額

　基本昇給額は、人事評価得点に応じて**図表 1-51** に示すような直線式で行います。

【**図表 1-51**】　基本昇給額の算式

$$Y = 100\chi - 2{,}000$$
Y：基本昇給額
χ：人事評価得点

　図表 1-52 はグラフに表したものであり、**図表 1-53** は人事評価得点に対応させて基本昇給額を表したものです。

【図表 1-52】 基本昇給額グラフ

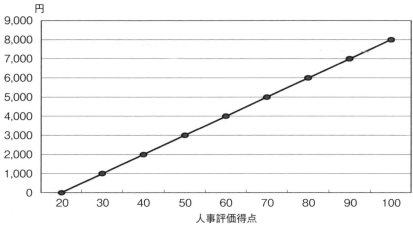

【図表 1-53】 人事評価得点に対応した基本昇給額

人事評価得点	20点	40点	60点	80点	100点
基本昇給額	0円	2,000円	4,000円	6,000円	8,000円

C　ステージ係数

　基本昇給額は人事評価得点に対応しており、新入社員も部長も人事評価得点が同じであれば、同じ昇給額になります。しかし、新入社員と部長では賃金のベースが異なっています。同じ人事評価得点で同じ昇給額では、昇給率は新入社員のほうが高くなってしまいます。昇給率のことを考えれば、分母となる賃金ベースを考慮することが必要です。これがステージ係数です（次ページ**図表 1-54**）。

【図表1-54】 ステージ係数

ステージ	ステージ係数
Ⅶ	1.9
Ⅵ	1.7
Ⅴ	1.5
Ⅳ	1.3
Ⅲ	1.2
Ⅱ	1.1
Ⅰ	1.0

d　逓減率

ステージごとに設定されている基本給のレンジの上限に達すると、昇給はゼロになります。いきなり昇給がゼロというのも衝撃が強過ぎますので、上限の手前で徐々にブレーキを利かせるようにします。これが逓減率です。

逓減率は、**図表1-55**に示すように設定します。基本給の上限と

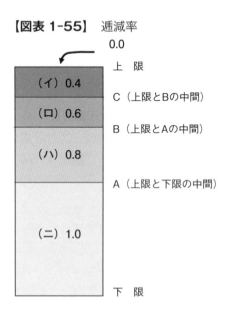

【図表1-55】　逓減率

下限の中間を A とします。下限と A の間はブレーキがなく、遞減率は 1.0 です。上限と A の中間を B とします。A と B の間は 20％ブレーキを利かせて遞減率を 0.8 とします。上限と B の中間を C とします。B と C の間は遞減率を 0.6 とします。C と上限の間は遞減率を 0.4 とします。上限に達すれば 0.0 となります。

遞減率を設定する理由としては、上限に達すると、昇給はゼロになり、衝撃が強過ぎるということのほかに、次のものが挙げられます。

1) 中位数をそのステージの基本給の基準と考えているため。中位数に上がるまではできる限り早く上げるようにし、中位数を過ぎれば昇給のペースを落とすようにする。
2) 中位数を過ぎた者は、そのステージに留まってもあまりメリットがないようにし、早く昇格するように促すため。
3) 中位数を過ぎた者の昇給は少なくなるが、それでも少しずつでも昇給するので昇給する期間が長くなり、モチベーションの維持に寄与できるため。

【図表 1-56】 遞減率早見表（表示されている金額と同額の場合は、以上と考える）

区分	ステージ							遞減率
	Ⅰ	Ⅱ	Ⅲ	Ⅳ	Ⅴ	Ⅵ	Ⅶ	
	250,000	270,000	290,000	320,000	360,000	400,000	450,000	0.0
イ								0.4
	238,750	258,750	278,750	308,750	347,500	386,250	435,000	
ロ								0.6
	227,500	247,500	267,500	297,500	335,000	372,500	420,000	
ハ								0.8
	205,000	225,000	245,000	275,000	310,000	345,000	390,000	
ニ								1.0
	160,000	180,000	200,000	230,000	260,000	290,000	330,000	

e　補正比率

補正比率は予定した昇給原資に合わせるためのものです。補正比率は**図表 1-57** に示す通りの算式で計算します。

【**図表 1-57**】　補正比率

$$
補正比率 \ = \ \frac{予定昇給額合計（昇給原資）}{補正前昇給額合計}
$$

分母の「補正前昇給額合計」は、「基本昇給額×ステージ係数×逓減率」で計算した全社員合計額です。このようにして算出された補正比率を使うことにより、昇給額を絶対評価で行いながらも昇給原資通りに収めることができます。

f　昇給計算の実際

昇給計算を実際の例で行うと、**図表 1-58** のようになります。

昇給計算に必要なデータは**図表 1-58** の通りです。基準内賃金平均300,000円、社員数20人、個別社員のデータとしては社員名、ステージ、人事評価得点、基本給があります。これだけのデータに加えて昇給率が決まれば昇給計算ができます。

昇給率を2%とします。平均昇給額は 6,000 円（300,000 円×2%）、昇給原資は 120,000 円（6,000 円×20 人）になります。

次に、各個人のデータに基づき各個人の昇給計算をします。A 君の人事評価得点は 80 点ですので、**図表 1-51**（64 ページ）から基本昇給額は 6,000 円になります。A 君はステージⅡですので、**図表 1-54**（66 ページ）からステージ係数は 1.1 になります。A 君の基本給は 230,000 円ですので**図表 1-56**（67 ページ）から逓減率は 0.8 になります。次に、「基本昇給額×ステージ係数×逓減率」を計算して補正前昇給額を求めます。すると、5,280 円と算出されます。これを全社員分行って、補正前昇給額を合計します。そこで、補正前昇給額合

【図表 1-58】 昇給計算の実際

	昇給率	2%	基準内賃金平均	300,000 円
	平均昇給額	6,000 円	社員数	20 人
	昇給原資	120,000 円		

$$補正比率 = \frac{120,000 円}{100,000 円} = 1.2$$

	ステージ	人事評価	基本給	基本昇給額	ステージ係数	逓減率	補正前昇給額	補正比率	補正後昇給額
A君	Ⅱ	80点	230,000 円	6,000 円	1.1	0.8	5,280 円	1.2	6,336 円
B君	Ⅲ	70点	280,000 円	5,000 円	1.2	0.4	2,400 円	1.2	2,880 円
⋮							⋮		⋮
合計							100,000円		120,000円

計が 100,000 円になったとします。昇給原資は 120,000 円ですので、20,000 円余ります。昇給原資通りに昇給計算を行うため、補正比率を計算します。昇給原資（120,000 円）を補正前昇給額合計（100,000 円）で除して補正比率を求めると 1.2 と計算できました。

　各社員の補正前昇給額に補正比率を乗じて補正後昇給額を算出します。A 君は補正前昇給額は 5,280 円です。これに補正比率の 1.2 を乗じると、補正後昇給額は 6,336 円と算出されます。補正後昇給額を合計すると 120,000 円になり、昇給原資（120,000 円）と一致します。

③ 賞　与

a　賞与の支給時期・支給対象期間および評価時期

　モデル会社の賞与の支給時期・支給対象期間および評価時期は、次ページ**図表 1-59** に示す通りです。

　前年 4 月 1 日から当年 3 月 31 日の 1 年間の人事評価得点に基づき、当年 6 月の夏季賞与、12 月の冬季賞与に反映させます。

　当年 6 月の夏季賞与の支給対象期間は前年 10 月 1 日から当年 3 月

【図表 1-59】 賞与の支給時期・支給対象期間および評価時期

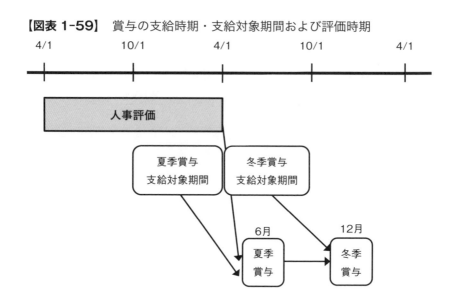

31日とし、当年12月の冬季賞与の支給対象期間は当年4月1日から当年9月30日とします。

b　賞与の計算方法

賞与計算は、**図表 1-60** に示すように基本賞与と業績賞与に分けて行います。基本賞与というのは、評価と関係なく賞与算定基礎額に応じて、安定的に支給されるものです。いわば生活見合い的な要素が強い配分です。業績賞与は人事評価に対応して支給されます。基本賞与と業績賞与の配分割合は60％、40％を基本とします。

【図表 1-60】　賞与の構成

1) 基本賞与の計算

　基本賞与は賞与算定基礎額に一定比率を乗じて計算します。賞与算定基礎額は基本給＋ステージ手当＋職位手当が基本です。ステージ手当、職位手当が加わっている分、高ステージの者に厚く配分される仕組みになります。

2) 業績賞与の計算

　業績賞与は人事評価によって増減する部分です。**図表1-61**、**図表1-62**、**図表1-63**に示すように、あらかじめステージが上になるほど、人事評価得点が高いほど、業績賞与指数が高くなるような一次方程式を用意しておきます。業績賞与平均に各人の業績賞与指数を乗じた額の全社員合計が、予定した業績賞与原資と差異がある場合は、補正比率を使用して収まるようにします。

【図表1-61】　業績賞与指数グラフ

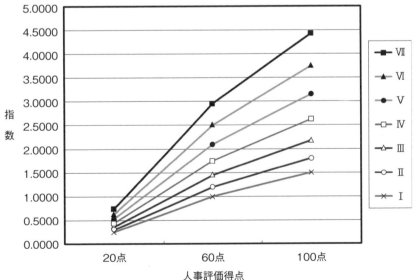

【図表1-62】 業績賞与指数

χを人事評価得点とした場合の業績賞与指数

ステージ	60点以上	60点以下
ステージⅦ	0.036875 χ + 0.7375	0.0553125 χ − 0.36875
ステージⅥ	0.031250 χ + 0.6250	0.0468750 χ − 0.31250
ステージⅤ	0.026250 χ + 0.5250	0.0393750 χ − 0.26250
ステージⅣ	0.021875 χ + 0.4375	0.0328125 χ − 0.21875
ステージⅢ	0.018125 χ + 0.3625	0.0271875 χ − 0.18125
ステージⅡ	0.015000 χ + 0.3000	0.0225000 χ − 0.15000
ステージⅠ	0.012500 χ + 0.2500	0.0187500 χ − 0.12500

※ a（傾き）とb（切片）は下記一次方程式のaとbを指している。

y = a X + b

【図表1-63】 業績賞与指数（人事評価得点別に表示）

ステージ	100点	90点	80点	70点	60点	50点	40点	30点	20点
ステージⅦ	4.4250	4.0563	3.6875	3.3188	2.9500	2.5813	2.2125	1.8438	0.7375
ステージⅥ	3.7500	3.4375	3.1250	2.8125	2.5000	2.1875	1.8750	1.5625	0.6250
ステージⅤ	3.1500	2.8875	2.6250	2.3625	2.1000	1.8375	1.5750	1.3125	0.5250
ステージⅣ	2.6250	2.4063	2.1875	1.9688	1.7500	1.5313	1.3125	1.0938	0.4375
ステージⅢ	2.1750	1.9938	1.8125	1.6313	1.4500	1.2688	1.0875	0.9063	0.3625
ステージⅡ	1.8000	1.6500	1.5000	1.3500	1.2000	1.0500	0.9000	0.7500	0.3000
ステージⅠ	1.5000	1.3750	1.2500	1.1250	1.0000	0.8750	0.7500	0.6250	0.2500

　図表1-63は、業績賞与指数をステージごとに、20点単位で表示した表です。業績賞与指数がどのような構造になっているのかわかります。

　ステージⅠの60点のところに着目してください。1.0000になっています。ここを起点に見ると、100点は1.5倍、20点は0.25倍になっています。この構造はステージが変わっても同じです。

　次に、60点の列を縦に見ると、ステージⅡは1.2000、ステージⅢは1.4500とステージが上がるほど指数は法則性を持って大きくなっ

ています。

ステージⅦの60点は2.9500になっています。**図表1-54**（66ページ）の昇給のステージ係数はステージⅦは1.9になっています。賞与のほうが昇給より上に厚く配分する構造になっているのが読み取れます。

c　賞与計算の実際

賞与計算を実際の例で行うと、次のようになります。

1）賞与支給条件

賞与計算に関係するデータは、**図表1-64**の通りです。賞与算定基礎額平均350,000円、社員数20人、基本賞与と業績賞与の比率60％：40％、個別社員のデータとしては社員名、ステージ、人事評価得点、賞与算定基礎額があります。これだけのデータに加えて賞与支給カ月が決まれば、賞与計算ができます。

賞与支給カ月を2カ月とします。そうすると平均賞与支給額700,000円（350,000円×2カ月）、賞与原資14,000,000円（700,000円×20人）、基本賞与平均420,000円（原資8,400,000円）、業績賞与平均280,000円（原資5,600,000円）になります。

【図表1-64】　賞与の支給条件

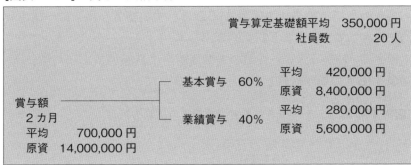

2）基本賞与の計算

基本賞与支給率の計算は、**図表1-65**に示す通りです。基本賞与平均（420,000円）を賞与算定基礎額平均（350,000円）で除すれば、基本賞与支給率は1.2と算定されます。

【図表1-65】 基本賞与支給率の計算

$$基本賞与支給率 = \frac{基本賞与平均 \quad 420,000円}{賞与算定基礎額平均 \quad 350,000円} = 1.2$$

A君の賞与算定基礎額を250,000円とした場合、基本賞与は**図表1-66**に示す通り、300,000円（250,000円×1.2）と算定されます。同じような計算で全社員の基本賞与を求め、合計します。合計額は8,400,000円になります。これは基本賞与原資と一致します。確認してください。

【図表1-66】 ステージⅡ　A君の基本賞与の計算

基本賞与 ＝ 賞与算定基礎額×基本賞与支給率
基本賞与 ＝ 　250,000円 × 1.2 　　　＝300,000円

3）業績賞与の計算

ⅰ　業績賞与指数の算出

各人の人事評価得点を**図表1-62**に示す業績賞与指数の一次方程式に代入して、業績賞与指数を算出します。

例えば、ステージⅡのA君の人事評価得点が80点であった場合は、**図表1-67**の通り計算します。

【図表1-67】 ステージⅡ　A君の業績賞与指数の計算

$Y = 0.015χ + 0.3$
Y：業績賞与指数
χ：人事評価得点
業績賞与指数 ＝ 0.015 × 80点 ＋ 0.3 ＝ 1.5

ⅱ　粗業績賞与の算出

　各人の業績賞与指数に業績賞与平均を乗じて粗業績賞与を算出します。例えば、ステージⅡのA君の粗業績賞与は**図表 1-68**の通り計算します。

【図表 1-68】ステージⅡ　A君の粗業績賞与の計算

| 粗業績賞与 ＝ 業績賞与指数 × 業績賞与平均 |
| 粗業績賞与 ＝　　1.5　　 × 280,000 円 ＝ 420,000 円 |

ⅲ　補正比率の算出

　粗業績賞与の全社員合計額が 11,200,000 円になったとします。業績賞与原資に収めるために**図表 1-69**の通り、業績賞与原資を粗業績賞与の全社員合計額で除して補正比率を計算します。

【図表 1-69】　補正比率の計算

$$補正比率 ＝ \frac{業績賞与原資　　　　　　　　5,600,000 円}{粗業績賞与の全社員合計額　11,200,000 円} ＝ 0.5$$

ⅳ　業績賞与の算出

　各人の粗業績賞与に補正比率を乗じて業績賞与を算出します。例えば、ステージⅡのA君の業績賞与は**図表 1-70**の通り計算します。当然のことながら、全社員の業績賞与の合計額は当初予定していた業績賞与原資 5,600,000 円に収まります。

【図表 1-70】　ステージⅡ　A君の業績賞与の計算

| 業績賞与 ＝ 粗業績賞与 × 補正比率 |
| 業績賞与 ＝ 420,000 円 × 0.5　　 ＝ 210,000 円 |

4）基本賞与と業績賞与を合計して各人の賞与を算出する

各人の基本賞与と業績賞与を合計して賞与を算出します。例えば、ステージⅡのA君の業績賞与は**図表1-71**の通り計算します。当然のことながら、全社員の賞与の合計額は当初予定していた賞与原資14,000,000円に収まります。

【図表1-71】 ステージⅡ　A君の賞与の計算

```
賞与 ＝ 基本賞与 ＋ 業績賞与
賞与 ＝ 300,000円 ＋ 210,000円 ＝ 510,000円
```

5）賞与計算の実際のまとめ

賞与計算の実際をまとめると**図表1-72**のようになります。

【図表1-72】 賞与計算の実際

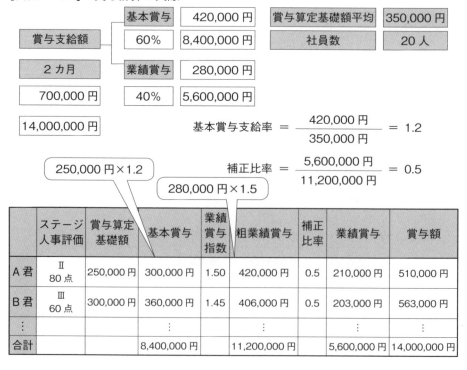

d 出勤率

実際に支給する賞与は、このようにして計算した賞与額に**図表 1-73**に示すように対象期間の出勤率を乗じて計算します。

【図表 1-73】 出勤率を乗じて支給する

$$賞与支給額 = 賞与額 \times \frac{出勤すべき日数 - 欠勤日数}{出勤すべき日数}$$

e 欠勤控除額の再配分

欠勤控除した額は、全社員合計して、これを各社員の賞与算定基礎額の比で再配分します。

④ 退職金

a 退職金の選択肢

退職金については様々な選択肢があります。主な選択肢は**図表 1-74**に示す通りです。

【図表 1-74】 退職金の選択肢

退職金	i 退職金制度がない	ii 退職金制度を設けない	
		iii 退職金制度を設ける	iv 中退共によって行う
			v 独自の退職金制度を設ける
	vi 退職金制度がある	vii 現行退職金制度を継続する	
		viii 現行退職金制度を改善する	

まず現在会社に退職金制度があるか、なしかです。ない場合（ i ）

は現在と同じように退職金制度を設けない（ⅱ）という選択肢があります。経営者も社員も退職金制度にそれほど強い執着がなければ、退職金制度を設けないとすることも考えられます。

　経営者も社員も退職金制度を設けたいという希望が強ければ、この際、退職金制度を設けることも可能です（ⅲ）。その場合、独立行政法人勤労者退職金共済機構（中退共）によって行うのがよいのではないかと思います（ⅳ）。外部機関に積み立てることになりますので、退職金の保全は十分です。また、国の助成金もつき、税法上の特典（掛金は、法人企業は損金として、全額非課税となります）がありますので有利です。

　中退共を使わない場合は会社独自の退職金制度を構築します（ⅴ）。その場合は、退職時基本給×退職金支給率で行うよりも、在職時の業績貢献度がより反映されるポイント制退職金のほうがよいと思います。退職金は内部に積み立て、退職給与引当金で保全することが考えられますが、外部機関に積み立てるようにしたほうが保全はしっかりすると思います。

　現在、退職金制度がある場合（ⅵ）は、現行退職金制度を継続します（ⅶ）。現行退職金制度に問題があり、この際、改善したい場合（ⅷ）は次のようにします。

　よくある改善の例は次の通りです。

---

① 現行の「退職時基本給×退職金支給率」をポイント制に切り替える
② 外部機関に積み立てる

---

b　独立行政法人勤労者退職金共済機構（中退共）を利用する場合

　退職金については選択肢が多く、すべてについて説明はできませんので、ここでは最も可能性の高い中退共によって行う場合（ⅳ）について取り上げます。なお、第Ⅱ章では特に退職金規程としては掲載しませんが、中退共の退職金を考えている場合は、中退共のホームページ（http://chutaikyo.taisyokukin.go.jp/）にアクセスし、モデル退職

金規程を入手して、これをベースに修正するとよいでしょう。

図表 1-75 に示すグラフは、中退共制度を利用した場合の退職金の推定です。掛金月額は、**図表 1-76** に示すようにステージに対応させています。部長モデルは60歳退職時がステージⅦ、部長としたものです。課長モデルは60歳退職時がステージⅤ、課長としたものです。ステージⅢモデルは60歳退職時がステージⅢとしたものです。

【図表 1-75】 中退共 モデル別退職金

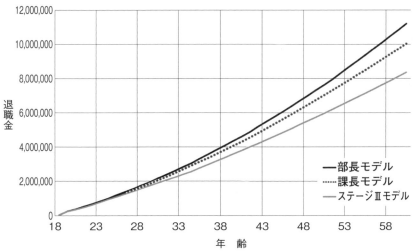

【図表 1-76】 中退共制度を利用した掛金月額の例

ステージ	掛金月額
Ⅰ	10,000 円
Ⅱ	12,000 円
Ⅲ	14,000 円
Ⅳ	16,000 円
Ⅴ	18,000 円
Ⅵ	20,000 円
Ⅶ	22,000 円

II

こぢんまり
人事制度諸規程・
修正の仕方

　第II章では、「こぢんまり人事制度」をどのように構築していくかを説明します。基本的には、サンプルに示した規程を、会社の実態、会社の考え方に合わせて修正していくことで構築が可能です。

　まず、サンプル規程を示しますので、これをよく読み込んでください。規程の中で少し説明が必要であると思われるところは、詳しく説明しています。ただ、第I章『こぢんまり人事制度の概要』で説明してあるところは説明を省略し、第I章の当該箇所を参照するように示しています。この説明をよく読み込み、修正が必要と思われる箇所があれば修正してください。

1 ステージ制度運用規程

(1) サンプル：ステージ制度運用規程

　まず、「ステージ制度運用規程」のサンプルを示します。ステージ制度運用規程は人事制度の骨格をなす規程です。ステージとは、社員の役割・能力に対応した区分をいいます。世間一般的には「等級」と呼ばれていますが、ここでは「ステージ」と呼びます。等級は能力に対応した言葉ですが、ここでは役割と能力に対応した区分という意味で「ステージ」と呼びます。ステージが決まらなければ人事制度の構築は進めることはできませんので、まず、ステージ制度運用規程から人事制度の構築を始めます。

ステージ制度運用規程

第1条（目　的）
　　ステージ制度の運用管理は本規程に基づいて行う。

第2条（定　義）
　　この規程において使用する語句の定義は、次の各号に定める通りとする。
　　（1）ステージ　　　社員の職務（役割）・能力に対応した区分をいう。各ステージの「期待される役割」「必要とされる知識技能」および「必要とされる知識技能の具体的内容」は「役割能力要件表」の通りである。
　　（2）昇格（降格）　現ステージより上位（下位）ステージ

への移動をいう。

(3) 呼　称　　　各ステージの別名をいう。管理職位に就いていない者はこの呼称をもって呼ぶ。またこの呼称を名刺に使用することができる。

(4) 職　位　　　職制上の地位、役割をいう。

(5) 職　掌　　　職務の内容に対応した区分をいう。

職　掌	職務の内容
営業職	営業的職務に従事している者
技術職	技術的職務に従事している者
事務職	事務的職務に従事している者
管理職	部門を統括し部門業績責任、部門活性化推進の役割を担っている者
専門職	専門的知識技能を保有し、その専門的知識技能で会社業績に貢献する者

第3条（ステージと職掌・職位との関係）

ステージと職掌・職位との関係は次のように定める。

ステージ	呼　称	一般職			管理職		専門職
Ⅶ	担当部長					部長	
Ⅵ	担当部長				課長	部長	専門職
Ⅴ	担当課長				課長		
Ⅳ	係長	営業職	技術職	事務職			
Ⅲ	主任	営業職	技術職	事務職			
Ⅱ		営業職	技術職	事務職			
Ⅰ		営業職	技術職	事務職			

第4条（役割能力要件表）

各ステージ・職掌の「期待される役割」「必要とされる知識技能」は「役割能力要件表」に示される。

2　「役割能力要件表」のステージⅠ～ステージⅣについて、「期

待される役割」は全職掌共通を表示する。

3 「役割能力要件表」のステージⅠ～ステージⅣについて、「必要とされる知識技能」は全職掌共通を表示する。

4 「役割能力要件表」のステージⅤ以上については、当該職掌固有の「期待される役割」「必要とされる知識技能」を表示する。

第5条（初任格付け）

新卒社員のステージへの格付けはステージⅠとする。

2 中途採用者のステージへの格付けは、社会経験年数を勘案して仮格付けを行い、3カ月後に行う（ただし10月1日から12月31日までの入社者については4月に行う）人事評価に基づいて本格付けを行うものとする。

第6条（昇　格）

昇格は次の基準により行う。

【基準1】　人事評価

経験年数2年間の持点	経験年数3年間の持点
160点以上	210点以上

① 経験年数（持点計算上必要とする、遡ってみるべき年数）

② 持点（経験年数期間中の人事評価得点の合計）

【基準2】　上司の推薦

基準1の条件を満たしている者について、上司は昇格推薦するかを次の点からチェックする。

① 次のようなことを本人のステージ相応に、身に付けているか。

教養、常識、礼儀作法　当事者意識、発想の柔軟性等

② 上位ステージの仕事ができる能力があるか、すでに上位ステージの仕事をやっているか

③　本人のステージの役割能力要件表の「期待される役割」
「必要とされる知識技能」を１つひとつチェックし、「期
待される役割」は「できている」こと、「必要とされる
知識技能」は「期待通りのレベルで保有している」こと
を確認する。

上記３点が満たされている場合、昇格を推薦する。昇格
推薦は**別紙-1**（注：86 ページ）の昇格推薦書に基づき
行う。

【基準3】　審　査

次の審査に合格すること。

ステージ	審査項目	審査・決裁
Ⅵ⇒Ⅶ	面接	
Ⅴ⇒Ⅵ	面接	
Ⅳ⇒Ⅴ	レポート・面接	社　長
Ⅲ⇒Ⅳ		
Ⅱ⇒Ⅲ		
Ⅰ⇒Ⅱ		

第7条（降　格）

降格は次の基準により行う。

（1）人事評価で２年連続 40 点未満の場合

（2）能力・気力・体力の著しい減退、あるいは就業規則第
　　○○条の懲戒事由に該当する場合

第8条（降格審査および決定）

前条のいずれかに該当する者については社長の審査・決裁
を経て降格を決定する。

第9条（昇格の実施）

昇格者には7月1日付けで昇格・昇給辞令を交付する。

2　新賃金は、7月15日支給分から実施する。

3　特例として上記以外の時期に昇格・昇給することもある。

第10条（ステージⅤ以上の運用）

ステージⅤ以上の管理職・専門職については、その者の能力、業績貢献度を勘案して適任者を社長が任命する。

第11条（実　施）

この規程は　　年　　月　　日から実施する。

【別紙-1】

<table>
<tr><td colspan="9" align="center">昇格推薦書</td></tr>
<tr><td rowspan="2">年度</td><td>社員
番号</td><td></td><td>ステージ</td><td></td><td>職　位</td><td></td><td>職　掌</td><td></td></tr>
<tr><td>氏　名</td><td colspan="3"></td><td>所　属</td><td colspan="3"></td></tr>
<tr><td rowspan="3">一次
評価者</td><td>上記の者を昇格させることを推薦します。</td><td>上記の者を昇格させることを推薦しません。</td><td rowspan="3">二次
評価者</td><td>上記の者を昇格させることを推薦します。</td><td>上記の者を昇格させることを推薦しません。</td></tr>
<tr><td colspan="2" align="right">印</td><td colspan="2" align="right">印</td></tr>
<tr><td colspan="2">所見</td><td colspan="2">所見</td></tr>
</table>

（2） ステージと職掌・職位の対応関係表

第3条に「ステージと職掌・職位との関係表」があります。まず、この表を固める必要があります。

【図表2-1】 ステージと職掌・職位との関係表

ステージ	呼　称	一般職			管理職		専門職
Ⅶ	担当部長					部長	専門職
Ⅵ	担当部長				課長		
Ⅴ	担当課長						
Ⅳ	係長	営業職	技術職	事務職			
Ⅲ	主任						
Ⅱ							
Ⅰ							

① ステージの階層を何段階にするか

サンプルでは、一般職4段階、管理職・専門職3段階、計7段階としています。本書が対象として想定している30人以下の会社では、この程度の階層数でよいと思います。

階層の番号は、ローマ数字で下からⅠⅡⅢⅣⅤⅥⅦとします。ステージⅣまでが一般職で時間外手当を支給する層です。ステージⅤ以上を管理監督者層（管理監督者層については第Ⅰ章 **2 (4) ③** 53ページを参照してください）とし、時間外手当は支給しません。

② 職掌はどのようなものがあるか

職掌とは、職務の内容に対応した区分をいいます。サンプルでは「営業職」「技術職」「事務職」「管理職」「専門職」を設定しています。会

社によっては、「開発職」「技能職」が必要になるかもしれません。必要に応じて付け加えてください。

③ ステージの呼称を定めるか。定めるとすればどのようなものにするか

ステージは、ステージⅠ、ステージⅡ、ステージⅢ…と呼びますが、専門職を「担当部長」「担当課長」、ステージⅣを「係長」、ステージⅢを「主任」等と呼称を定めて、これで呼ぶこともできます。また、名刺の肩書に使用することもできます。ステージの呼称は自由ですので、この他に「リーダー」「チーフ」等、カタカナの呼称にすることもできます。

④ 職位はどのようなものがあり、どのステージに対応させるか

職位とは、職制上の地位、役割をいいます。サンプルでは管理職に対応する職位として「部長」「課長」を設定しています。会社によっては「本部長」「部長代理」「課長代理」等を設置していることもあります。会社の実態に沿って修正してください。

（3）　役割能力要件表

第4条に「役割能力要件表」があります。各ステージ・職掌に「期待される役割」「必要とされる知識技能」は「役割能力要件表」に示されます。「役割能力要件表」については、項を改めて詳しく説明しますので、そちらを参照してください（93〜108ページ）。

（4） 初任格付け

① 新卒社員のステージへの格付け

　新卒社員は学歴によって年齢、初任給が異なります。本人事制度では、ステージを役割と能力に対応した区分と定義していますので、ステージへの格付けは、この定義に従って行います。新卒社員のステージへの格付けはステージⅠとします。大卒であろうと高卒であろうと、入社早々に与えられる役割（仕事）は基礎的な仕事です。仕事を行う能力（職務遂行能力）も、入社早々はそこまで違いがありません。大卒の場合は、大学４年間で培った能力を仕事の中で発揮し、仕事のレベルを上げることによって、早くステージⅡに昇格すればよいだけです。初任給の違いは、ステージⅠに対応する基本給の上限・下限の幅を広げることにより対応できます。

② 中途採用者のステージへの格付け

　中途採用者のステージへの格付けは、社会経験年数を勘案して仮格付けを行い、３カ月後に行う人事評価（中途採用者の本格付けのための臨時の人事評価）に基づいて、本格付けを行うものとします。ただし、10月１日から12月31日までの入社者については、３カ月後というと１月１日から４月１日になり、定例の人事評価（４月１日～３月31日を４月上旬に評価する）と時期が近いため、定例の人事評価の中でまとめて行います。

（5） 移行格付け

　現行人事制度から新人事制度に切り替えるとき、新人事制度でのステージを決める必要があります。これが移行格付けです。

　現行人事制度に等級制度がない場合は、新人事制度・役割能力要件表のステージの「期待される役割」「必要とされる知識技能」の基準に従って、格付けしていけばよいと思います。

　現行人事制度に等級制度がある場合は、新人事制度・役割能力要件表のステージの「期待される役割」「必要とされる知識技能」の基準に従っての格付けを基本としますが、現行の等級を考慮しながら慎重に決めていきます。

　例えば、A氏とB氏がいて、A氏はⅢ等級、B氏はⅢ等級であった場合、新人事制度でのステージの基準によれば、A氏はステージⅡ、B氏はステージⅣになったとします。その場合、B氏はよいとして、A氏は納得しないかもしれません。今までⅢ等級として同格であったものが、2段階の違いになったものですから、不満を感じるのではないかと思います。新人事制度によって、役割・能力を明確にしてモチベーションを高めようとしたのに、かえってモチベーションを下げることにもなりかねません。そのため、現行の処遇秩序を尊重し、横滑りで格付けし、その後の新人事制度での人事評価によって長い目で調整していくというのが現実的かもしれません。

　この場合は、A氏、B氏は横滑りでステージⅢに格付けします。その後、B氏は「期待される役割」「必要とされる知識技能」の基準で設計された人事評価では高い評価になり、早い段階でステージⅣへ昇格すると思われます。B氏はステージⅣへの昇格は難しく、ステージⅢに留まるのではないかと思います。ただ、ステージⅡへの降格はないでしょう。よほど悪くなければ降格とならないからです。高止まりとなる危険性はありますが、やむを得ないと考えます。

（6）　昇　格

　昇格については第Ⅰ章で説明していますので、そちらをご参照ください（57〜62 ページ）。

（7）　降　格

　降格については第Ⅰ章で説明していますので、そちらをご参照ください（62〜63 ページ）。

（8）　昇格の実施

　サンプル規程では、昇格者には7月1日付けで昇格・昇給辞令を交付し、新賃金は、7月15日支給分から実施するとされています。
　これは、次ページ**図表 2-2** に示すような人事評価のサイクルに対応したものです。

【図表2-2】 人事評価と処遇の関係

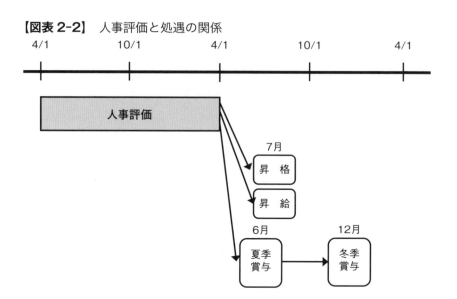

2 役割能力要件表

　役割能力要件表は、ステージに「期待される役割」「必要とされる知識技能」を示したものです。どのステージにはどういう役割が期待され、どういう知識技能が必要とされるかが明確になります。また、どういう役割のレベルにある者、どういう知識技能のレベルの者が、どのステージになるのだとわかります。役割能力要件表は人事評価の基礎になるものです。

（1） サンプル：役割能力要件表

　94 ページは一般職（ステージⅠ～ステージⅣ）の全職掌共通の役割能力要件表です。「期待される役割」「必要とされる知識技能」がステージごとに示されています。

　95 ページは一般職（ステージⅠ～ステージⅣ）の必要とされる知識技能の具体的内容が示されています。96 ページは管理職―課長、97 ページは管理職―部長、98 ページは専門職の役割能力要件表（「期待される役割」「必要とされる知識技能」）、必要とされる知識技能の具体的内容が示されています。

役割能力要件表（一般職）

ステージ	期待される役割	必要とされる知識技能
Ⅳ	① 部門方針を理解して、定常業務および非定常業務、判断業務を確実・迅速に遂行する ② 情報の共有と「報告・連絡・相談」を適時・適切に行う ③ チームの一員として、円滑な人間関係を構築し、上司・同僚と協調・協働し、仕事の隙間を埋めたり、他のメンバーをカバーしたりしてチームワークに貢献する ④ 業務遂行に必要な一般的知識・技能を修得し、これを自らの仕事に生かし、職務拡大する ⑤ 社会的責任を自覚し、関係法令や就業規則他社内諸規程を遵守して職務を遂行する ⑥ 自分の知識・技能を積極的に部門メンバーに伝達し、部門の知識・技能の蓄積・向上に貢献する ⑦ 担当業務、部門に関して問題を発見・発掘し、改善を行う ⑧ 社内外の顧客のニーズを把握し、質の高いサービスを提供して顧客の満足を得る ⑨ 率先垂範しリーダーシップを発揮する	① 業務に関する一般知識 ② ビジネスマナーの基礎知識 ③ 就業規則等の一般知識 ④ 関係法令に関する一般知識 ⑤ 当社の概要に関する基礎知識 ⑥ 5S に関する基礎知識 ⑦ 文書報告書作成に関する一般知識 ⑧ 問題発見問題解決技法に関する一般知識 ⑨ OJT 後輩指導に関する基礎知識 ⑩ OA 機器とその操作に関する基礎知識 ⑪ 政治・経済・社会に関する基礎知識 ⑫ 労働基準法に関する基礎知識 ⑬ マネジメントに関する基礎知識
Ⅲ	① 部門方針を理解して、定常業務および非定常業務を確実・迅速に遂行する ② 情報の共有と「報告・連絡・相談」を適時・適切に行う ③ チームの一員として、円滑な人間関係を構築し、上司・同僚と協調・協働し、仕事の隙間を埋めたり、他のメンバーをカバーしたりしてチームワークに貢献する ④ 業務遂行に必要な一般的知識・技能を修得し、これを自らの仕事に生かす ⑤ 社会的責任を自覚し、関係法令や就業規則他社内諸規程を遵守して職務を遂行する ⑥ 自分の知識・技能を積極的に部門メンバーに伝達し、部門の知識・技能の蓄積・向上に貢献する ⑦ 担当業務に関して問題を発見し、改善提案を行う ⑧ 社内外の顧客のニーズを把握し、質の高いサービスを提供して顧客の満足を得る	① 業務に関する一般知識 ② ビジネスマナーの基礎知識 ③ 就業規則等の基礎知識 ④ 関係法令に関する一般知識 ⑤ 当社の概要に関する基礎知識 ⑥ 5S に関する基礎知識 ⑦ 文書報告書作成に関する基礎知識 ⑧ 問題発見問題解決技法に関する基礎知識 ⑨ OJT 後輩指導に関する基礎知識 ⑩ OA 機器とその操作に関する基礎知識 ⑪ 政治・経済・社会に関する基礎知識
Ⅱ	① 上長からの指示および定められた業務手順に従い、定常業務および非定常業務を確実・迅速に遂行する ② 情報の共有と「報告・連絡・相談」を適時・適切に行う ③ チームの一員として、円滑な人間関係を構築し、上司・同僚と協調・協働してチームワークに貢献する ④ 業務遂行に必要な基礎的知識・技能を修得する ⑤ 社会的責任を自覚し、関係法令や就業規則他社内諸規程を遵守して職務を遂行する ⑥ 自分の知識・技能を積極的に部門メンバーに伝達し、部門の知識・技能の蓄積・向上に貢献する ⑦ 担当業務に関して問題を発見し、上長に報告する	① 業務に関する一般知識 ② ビジネスマナーの基礎知識 ③ 就業規則等の基礎知識 ④ 関係法令に関する基礎知識 ⑤ 当社の概要に関する基礎知識 ⑥ 5S に関する基礎知識 ⑦ 文書報告書作成に関する基礎知識 ⑧ 問題発見問題解決技法に関する基礎知識 ⑨ OJT 後輩指導に関する基礎知識 ⑩ OA 機器とその操作に関する基礎知識
Ⅰ	① 上長からの具体的指示および定められた業務手順に従い、定常業務を確実・迅速に遂行する ② 情報の共有と「報告・連絡・相談」を適時・適切に行う ③ チームの一員として、円滑な人間関係を構築し、上司・同僚と協調・協働してチームワークに貢献する ④ 業務遂行に必要な基礎的知識・技能を修得する ⑤ 社会的責任を自覚し、関係法令や就業規則他社内諸規程を遵守して職務を遂行する	① 業務に関する基礎知識 ② ビジネスマナーの基礎知識 ③ 就業規則等の基礎知識 ④ 関係法令に関する基礎知識 ⑤ 当社の概要に関する基礎知識 ⑥ 5S に関する基礎知識 ⑦ 文書報告書作成に関する基礎知識

必要とされる知識技能の具体的内容 （一般職）

	知識技能項目	基礎知識	一般知識	高度知識	参考図書
1	業務に関する知識	各部門・各職務に定められた「日常反復して行っている」定常業務の手順	各部門・各職務に定められた非定常型（突発的であるが、ある程度やり方が決まっている）業務の手順		各部門のマニュアル作業標準書
2	ビジネスマナーの知識	社会人としての心構え・身だしなみ・挨拶・言葉づかい・電話応対			『〇〇〇〇』△△□□著
3	就業規則等の知識	就業規則・各種届出用紙	給与規程・ステージ制度運用規程等人事制度関連規程		就業規則、人事制度関連規程
4	関係法令に関する知識	道路交通法、労働安全衛生法、個人情報保護法、男女雇用機会均等法等の法律の概要がわかる	道路交通法、労働安全衛生法、個人情報保護法、男女雇用機会均等法等の内容がわかる		六法全書『〇〇〇〇』△△□□著
5	当社の概要に関する知識	経営理念・創業・沿革・資本金・社員数・売上高・営業品目・組織・主要販売先・当社製品			会社案内ホームページ経営計画
6	5Sに関する知識	5Sの定義・進め方・効果			『〇〇〇〇』△△□□著
7	文書報告書作成に関する知識技能	社内文　議事録	社外文		『〇〇〇〇』△△□□著
8	問題発見問題解決技法に関する知識	ブレーンストーミング、KJ法、特性要因図、ガントチャートの概要がわかる	ブレーンストーミング、KJ法、特性要因図、ガントチャートを活用して問題発見問題解決に役立てることができる		『〇〇〇〇』△△□□著
9	OJT後輩指導に関する知識	OJTとは、OJTの進め方			『〇〇〇〇』△△□□著
10	OA機器とその操作に関する知識	メール・Word・Excelの基本操作ができる			『〇〇〇〇』△△□□著
11	政治・経済・社会に関する知識	一般新聞をほぼ読みこなせる程度			一般新聞、電子ニュース
12	労働基準法に関する知識	36協定（時間外労働・休日）労働時間・年次有給休暇など職場で必要な法規が一定程度理解できる			『〇〇〇〇』△△□□著
13	マネジメントに関する知識	リーダーシップ、コミュニケーション、PDCA、管理職の役割			『〇〇〇〇』△△□□著

II

こぢんまり人事制度
諸規程・修正の仕方

役割能力要件表（管理職―課長）

ステージ	管理職	
	課　長	
	期待される役割	必要とされる知識技能
Ⅴ・Ⅵ	① 経営トップおよび上位部門の方針戦略を理解し、担当する課の機会損失の少ない目標を策定する ② 担当する課の目標の達成状況を管理し、構成員を動機づけながら達成する ③ 部門内の人員配置の段取りを行う ④ 他部門との調整を行う ⑤ 出席が必要な会議に出席し、他部門に伝えるべき情報をまとめ、伝える。会議の内容を部門内に伝える ⑥ 部下が対応できない例外、突発的な事項の対処を行う ⑦ 出勤簿の管理を行う ⑧ 部下の人事評価を適正に行い、必要なフィードバックを行う ⑨ 社内外関係者との情報交換と同時に人的ネットワークの構築を行う ⑩ 部下および上司とのコミュニケーションを円滑に行い、働きやすい職場風土を作る ⑪ 部下の能力・特性に応じた OJT を行い、部下を育成する ⑫ 的確な指示で部下を動かし、また部下をサポートする	ステージⅣに必要とされる知識に加えて ① 政治・経済・社会全体に関する基礎知識 ② 労務管理に関する基礎知識 ③ 評価に関する基礎知識

必要とされる知識技能の具体的内容（管理職―課長）

	知識技能項目	知識技能の具体的内容	参考図書
	ステージⅣに必要とされる知識技能に加えて		
1	政治・経済・社会全体に関する知識	一般新聞・〇〇新聞を読みこなし、得た情報から敏感に変化を読み取り所属部門の戦略に活用できる	一般新聞・〇〇新聞
2	労務管理に関する知識	賃金・解雇・残業・休日出勤・年次有給休暇・育児・介護休暇など労働基準法で定められていることを理解しており、日常起こり得る様々な労務管理上の問題を事前に予防し、もしくは起こった問題について適切な解決法を知っている	『〇〇〇〇』△△□□著
3	評価に関する知識	評価の手順、評価エラー、評価の心構え、フィードバック、評価項目の意味等の理解	『〇〇〇〇』△△□□著

役割能力要件表（管理職—部長）

ステージ	管理職	
	部　長	
	期待される役割	必要とされる知識技能
VI・VII	① 経営トップおよび上位部門の方針戦略を理解し、担当する部の機会損失の少ない目標を策定する ② 担当する部の目標の達成状況を管理し、構成員を動機づけながら達成する ③ 部門内の人員配置の段取りを行う ④ 他部門との調整を行う ⑤ 出席が必要な会議に出席し、他部門に伝えるべき情報をまとめ、伝える。会議の内容を部門内に伝える ⑥ 部下が対応できない例外、突発的な事項の対処を行う ⑦ 出勤簿の管理を行う ⑧ 部下の人事評価を適正に行い、必要なフィードバックを行う ⑨ 社内外関係者との情報交換と同時に人的ネットワークの構築を行う ⑩ 部下および上司とのコミュニケーションを円滑に行い、働きやすい職場風土を作る ⑪ 部下の能力・特性に応じたOJTを行い、部下を育成する ⑫ 的確な指示で部下を動かし、また部下をサポートする	ステージIVに必要とされる知識に加えて ① 政治・経済・社会全体に関する基礎知識 ② 労務管理に関する基礎知識 ③ 評価に関する基礎知識

必要とされる知識技能の具体的内容（管理職—部長）

	知識技能項目	知識技能の具体的内容	参考図書
	ステージIVに必要とされる知識技能に加えて		
1	政治・経済・社会全体に関する知識	一般新聞・○○新聞を読みこなし、得た情報から敏感に変化を読み取り所属部門の戦略に活用できる	一般新聞・○○新聞
2	労務管理に関する知識	賃金・解雇・残業・休日出勤・年次有給休暇・育児・介護休暇など労働基準法で定められていることを理解しており、日常起こり得る様々な労務管理上の問題を事前に予防し、もしくは起こった問題について適切な解決法を知っている	『○○○○』△△□□著
3	評価に関する知識	評価の手順、評価エラー、評価の心構え、フィードバック、評価項目の意味等の理解	『○○○○』△△□□著

役割能力要件表（専門職）

ステージ	専門職	
	期待される役割	必要とされる知識技能
ステージ V・VI	① 経営トップまたは部門責任者の方針を受けて、情報を感度良く収集・分析し、担当分野の戦略・目標を策定する ② 所属部門の戦略・方針および会社全体の経営戦略・方針について必要な提言を行い、部門業績・会社業績に貢献する ③ 自分の保有する知識・スキルを積極的に後輩および関係者に伝え、後輩の指導・育成を行うと共に、所属部門及び会社全体の知識蓄積に貢献する ④ 担当分野における専門能力を養成する ⑤ 社内外の顧客との信頼関係を構築・維持発展させる ⑥ 健全な倫理観を持ち、企業人として責任ある行動をとる	ステージIVに必要とされる知識に加えて ① 政治・経済・社会全体に関する高度知識 ② 関連業界に関する高度知識 ③ 担当分野に関する高度かつ広範囲な知識技能

必要とされる知識技能の具体的内容（専門職）

	知識技能項目	知識技能の具体的内容	参考図書
	ステージIVに必要とされる知識技能に加えて		
1	政治・経済・社会全体に関する高度知識	一般新聞・〇〇新聞を読みこなせる	一般新聞・〇〇新聞
2	関連業界に関する高度知識	業界専門誌をほぼ読みこなせる	業界専門誌
3	担当分野に関する高度かつ広範囲な知識技能	それぞれの担当分野に関する高度かつ広範囲な知識技能を体得しており、それらの知識技能を所属部門の業績に生かせる	

（2） 役割能力要件表の構成

　役割能力要件表の構成については第Ⅰ章で説明していますので、その箇所をご参照ください。

　Ⅰ—2—(1)—②—a　役割能力要件表の構成（29 ～ 30 ページ）

（3） 期待される役割の読み方

　期待される役割の読み方については第Ⅰ章で説明していますので、その箇所をご参照ください。

　Ⅰ—2—(1)—②—b　期待される役割の読み方（31 ページ）

（4） 必要とされる知識技能の読み方

　必要とされる知識技能の読み方については第Ⅰ章で説明していますので、その箇所をご参照ください。

　Ⅰ—2—(1)—②—c　必要とされる知識技能の読み方（32 ページ）

（5） 役割能力要件表と人事評価の関係

　役割能力要件表と人事評価の関係については第Ⅰ章で説明していますので、その箇所をご参照ください。

　Ⅰ—2—(1)—②—d　役割能力要件表と人事評価の関係（33 ページ）

（6） 役割能力要件表は人事制度の核

　役割能力要件表は人事制度の要だということについては第Ⅰ章で説明していますので、その箇所をご参照ください。

Ⅰ—2—(1)—②—e　役割能力要件表は人事制度の核（34 ページ）

（7） こぢんまり人事制度の役割能力要件表

　「こぢんまり人事制度」の役割能力要件表は、簡略化を図るため全職掌共通（どのような部門でも、どのような仕事をやっていても、その会社の社員であれば共通して「期待される役割」「必要とされる知識技能」）のみ作成することにし、これで説明しています。簡略化しない場合は職掌固有も作成します。その場合の役割能力要件表の構成は**図表 2-3** のようになります。

　簡略化しない場合の役割能力要件表の構成は**図表 2-3** に示す通り「期待される役割」「必要とされる知識技能」、それぞれ 2 列に分けます。A 列は全職掌共通で「期待される役割」です。どの部門で、どのような仕事をしていても共通に期待される役割です。B 列は職掌固有（この例では事務職、人事課）で期待される役割です。「必要とされる知識技能」も同じです。C 列は全職掌共通で「必要とされる知識技能」です。どの部門で、どのような仕事をしていても共通に必要とされる知識技能です。D 列は職掌固有（この例では事務職、人事課）で必要とされる知識技能です。

　「こぢんまり人事制度」の役割能力要件表は、**図表 2-4** に示す通り職掌固有は省略し、全職掌共通のみにしています。その理由は次の通りです。

① 職掌固有を作成する場合は、かなりの時間と体力が必要であること
② 全職掌共通だけでも、ステージに「期待される役割」「必要とされる知識技能」は大体わかり、ステージのイメージもある程度明確になること

　もちろん、職掌固有を作成する時間と体力があれば、職掌固有のものも作成したほうがよいことはいうまでもありませんので、挑戦してみてください。

【図表2-3】　簡略化しない場合の役割能力要件表の構成

ステージ	（職掌）	事務職		
	（部門）	人事課		
	期待される役割		必要とされる知識技能	
Ⅳ	A列	B列	C列	D列
Ⅲ				
Ⅱ				
Ⅰ				

【図表2-4】　こぢんまり人事制度の役割能力要件表の構成

ステージ	期待される役割	必要とされる知識技能
Ⅳ		
Ⅲ		
Ⅱ		
Ⅰ		

（8）　役割能力要件表の構築の仕方

　役割能力要件表を構築する場合、マトリックス表を活用すれば、簡単に、効率的に、役割能力要件表を構築できます。マトリックス表を活用すると、上のステージにいくにつれて、段々と高度になっていくのがよくわかりますので、漏れもなくなります。

【図表2-5】 全職掌共通：期待される役割マトリックス表

	役割項目	ステージⅠ	ステージⅡ	ステージⅢ	ステージⅣ
1	業務遂行	上長からの具体的指示および定められた業務手順に従い、定常業務を確実・迅速に遂行する	上長からの指示および定められた業務手順に従い、定常業務および非定常業務を確実・迅速に遂行する	部門方針を理解して、定常業務および非定常業務を確実・迅速に遂行する	部門方針を理解して、定常業務および非定常業務、判断業務を確実・迅速に遂行する
2	報告・連絡・相談	情報の共有と「報告・連絡・相談」を適時・適切に行う	情報の共有と「報告・連絡・相談」を適時・適切に行う	情報の共有と「報告・連絡・相談」を適時・適切に行う	情報の共有と「報告・連絡・相談」を適時・適切に行う
3	チームワーク	チームの一員として、円滑な人間関係を構築し、上司・同僚と協調・協働してチームワークに貢献する	チームの一員として、円滑な人間関係を構築し、上司・同僚と協調・協働してチームワークに貢献する	チームの一員として、円滑な人間関係を構築し、上司・同僚と協調・協働し、仕事の隙間を埋めたり、他のメンバーをカバーしたりしてチームワークに貢献する	チームの一員として、円滑な人間関係を構築し、上司・同僚と協調・協働し、仕事の隙間を埋めたり、他のメンバーをカバーしたりしてチームワークに貢献する
4	能力開発	業務遂行に必要な基礎的知識・技能を修得する	業務遂行に必要な基礎的知識・技能を修得する	業務遂行に必要な一般的知識・技能を修得し、これを自らの仕事に生かす	業務遂行に必要な一般的知識・技能を修得し、これを自らの仕事に生かし、職務拡充する
5	法令等遵守	社会的責任を自覚し、関係法令や就業規則他社内諸規程を遵守して職務を遂行する	社会的責任を自覚し、関係法令や就業規則他社内諸規程を遵守して職務を遂行する	社会的責任を自覚し、関係法令や就業規則他社内諸規程を遵守して職務を遂行する	社会的責任を自覚し、関係法令や就業規則他社内諸規程を遵守して職務を遂行する
6	知識伝達		自分の知識・技能を積極的に部門メンバーに伝達し、部門の知識・技能の蓄積・向上に貢献する	自分の知識・技能を積極的に部門メンバーに伝達し、部門の知識・技能の蓄積・向上に貢献する	自分の知識・技能を積極的に部門メンバーに伝達し、部門の知識・技能の蓄積・向上に貢献する
7	業務改善		担当業務に関して問題を発見し、上長に報告する	担当業務に関して問題を発見し、改善提案を行う	担当業務、部門に関して問題を発見・発掘し、改善を行う
8	顧客満足			社内外の顧客のニーズを把握し、質の高いサービスを提供して顧客の満足を得る	社内外の顧客のニーズを把握し、質の高いサービスを提供して顧客の満足を得る
9	リーダーシップ				率先垂範しリーダーシップを発揮する

① 全職掌共通：期待される役割マトリックス表

図表 2-5 は、モデル会社の全職掌共通・期待される役割・マトリックス表です。

全職掌共通：期待される役割マトリックス表作成にあたっての留意事項は次の通りです。

a　役割項目は、まずステージⅠから始まるものを挙げ、次にステージⅡ、ステージⅢ、ステージⅣと順に挙げていきます。したがって、マトリックス表の表示は**図表 2-6** のようになります。

【図表 2-6】　期待される役割マトリックス表の記入の順番

役割項目	ステージⅠ	ステージⅡ	ステージⅢ	ステージⅣ
1				
2				
3				
4				
5				

b　マトリックス表の役割項目は、役割の表札のようなものです。これがそのまま「役割能力要件表」に記載されるものではありません。したがって各ステージに役割を書くときは、**図表 2-7** に示すように、役割項目を省略せずに記載することが必要です。

【図表 2-7】　役割項目は省略しないで書く

役割項目		ステージⅠ	ステージⅡ	ステージⅢ	ステージⅣ
1	個人目標	設定した**個人目標**を達成する	設定した**個人目標**を達成する	チャレンジングな**個人目標**を設定し、これを達成する	チャレンジングな個人目標を設定し、これを達成する

役割項目

役割項目は省略しないで書く

c　「役割」は「～する」「～を行う」という表現にし、「～できる」

という表現にしないようにします。役割は行動で示します。「〜できる」「〜することができる」とすると「能力」との混同が起こるためです。

【図表 2-8】 全職掌共通：必要とされる知識技能マトリックス表

	知識技能項目	ステージⅠ	ステージⅡ	ステージⅢ	ステージⅣ
1	業務に関する知識	業務に関する基礎知識	業務に関する一般知識	業務に関する一般知識	業務に関する一般知識
2	ビジネスマナーの知識	ビジネスマナーの基礎知識	ビジネスマナーの基礎知識	ビジネスマナーの基礎知識	ビジネスマナーの基礎知識
3	就業規則等の知識	就業規則等の基礎知識	就業規則等の基礎知識	就業規則等の基礎知識	就業規則等の一般知識
4	関係法令に関する知識	関係法令に関する基礎知識	関係法令に関する基礎知識	関係法令に関する一般知識	関係法令に関する一般知識
5	当社の概要に関する知識	当社の概要に関する基礎知識	当社の概要に関する基礎知識	当社の概要に関する基礎知識	当社の概要に関する基礎知識
6	5Sに関する知識	5Sに関する基礎知識	5Sに関する基礎知識	5Sに関する基礎知識	5Sに関する基礎知識
7	文書報告書作成に関する知識	文書報告書作成に関する基礎知識	文書報告書作成に関する基礎知識	文書報告書作成に関する基礎知識	文書報告書作成に関する一般知識
8	問題発見問題解決技法に関する知識		問題発見問題解決技法に関する基礎知識	問題発見問題解決技法に関する基礎知識	問題発見問題解決技法に関する一般知識
9	OJT後輩指導に関する知識		OJT後輩指導に関する基礎知識	OJT後輩指導に関する基礎知識	OJT後輩指導に関する基礎知識
10	OA機器とその操作に関する知識		OA機器とその操作に関する基礎知識	OA機器とその操作に関する基礎知識	OA機器とその操作に関する基礎知識
11	政治・経済・社会に関する知識			政治・経済・社会に関する基礎知識	政治・経済・社会に関する基礎知識
12	労働基準法に関する知識				労働基準法に関する基礎知識
13	マネジメントに関する知識				マネジメントに関する基礎知識

② 全職掌共通：必要とされる知識技能マトリックス表

図表2-8は、モデル会社の全職掌共通：必要とされる知識技能マトリックス表です。

全職掌共通：必要とされる知識技能マトリックス表作成にあたっての留意事項は、次の通りです。

a　知識技能項目は、まずステージⅠから始まるものを挙げ、次にステージⅡ、ステージⅢ、ステージⅣと順に挙げていきます。したがって、マトリックス表の表示は**図表2-9**のようになります。

【図表2-9】 必要とされる知識技能マトリックス表の記入の順番

知識技能項目	ステージⅠ	ステージⅡ	ステージⅢ	ステージⅣ
1				
2				
3				
4				
5				

b　**図表2-10**に示すように、マトリックス表の知識技能項目は「〜の知識」「〜に関する知識」という表現で記載します。各ステージ欄に記入するときにも、「〜の基礎知識」「〜に関する基礎知識」という表現にします。知識は「基礎知識」「一般知識」「高度知識」の順に高度になっていきます。

【図表2-10】 必要とされる知識技能マトリックス表の表示

知識技能項目	ステージⅠ	ステージⅡ	ステージⅢ	ステージⅣ
1	業務に関する知識	業務に関する基礎知識	業務に関する一般知識	業務に関する一般知識	業務に関する一般知識

知識技能項目は「〜に関する知識」という表現にする

各ステージに記入するときは「〜の基礎知識」「〜の一般知識」「〜の高度知識」という表現にする

c 「期待される役割」と「必要とされる知識技能」は、混同が起こりやすいので注意が必要です。特に、「期待される役割」を「〜することができる」と表現すると、「必要とされる知識技能」との混同が起こりやすくなります。「期待される役割」を「〜することができる」と表現すると、「能力の保有」を意味するように捉えられ、「必要とされる知識技能」とほとんど同じ意味になってしまうからです。「期待される役割」は「どういう行動をすることが期待されているか」、『行動』がその内容になっていますので、「〜する」「〜を行う」と表現するようにすることが必要です。

　一方、「必要とされる知識技能」は「知識技能の保有」を意味しますので、「〜の基礎知識」というように、基本的には語末は「名詞」で終わる表現にします。逆に「必要とされる知識技能」で「〜することができる」「〜が理解できる」と表現すると、「行動」のように捉えられ、「期待される役割」との混同が起こりやすいため、このような表現は避けることが肝要です。

　基本的には「知識技能」というものは「教えることのできるもの」「修得することのできるもの」になります（**図表 2-11**）。

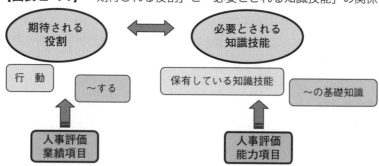

【図表 2-11】「期待される役割」と「必要とされる知識技能」の関係

③ 全職掌共通：必要とされる知識技能の具体的内容

　図表2-12は、モデル会社の全職掌共通：必要とされる知識技能の具体的内容です。104ページ**図表2-8**の知識技能項目について、その具体的内容を基礎知識、一般知識、高度知識に展開し、さらに参考図書を示しています。

【図表2-12】　全職掌共通：必要とされる知識技能の具体的内容

	知識技能項目	基礎知識	一般知識	高度知識	参考図書
1	業務に関する知識	各部門・各職務に定められた「日常反復して行っている」定常業務の手順	各部門・各職務に定められた非定常型（突発的であるが、ある程度やり方が決まっている）業務の手順		各部門のマニュアル 作業標準書
2	ビジネスマナーの知識	社会人としての心構え・身だしなみ・挨拶・言葉づかい・電話応対			『〇〇〇〇』 △△□□著
3	就業規則等の知識	就業規則・各種届出用紙	給与規程・ステージ制度運用規程等人事制度関連規程		就業規則、 人事制度関連規程
4	関係法令に関する知識	道路交通法、労働安全衛生法、個人情報保護法、男女雇用機会均等法等の法律の概要がわかる	道路交通法、労働安全衛生法、個人情報保護法、男女雇用機会均等法等の内容がわかる		六法全書 『〇〇〇〇』 △△□□著
5	当社の概要に関する知識	経営理念・創業・沿革・資本金・社員数・売上高・営業品目・組織・主要販売先・当社製品			会社案内 ホームページ 経営計画
6	5Sに関する知識	5Sの定義・進め方・効果			『〇〇〇〇』 △△□□著
7	文書報告書作成に関する知識	社内文　議事録	社外文		『〇〇〇〇』 △△□□著
8	問題発見問題解決技法に関する知識	ブレーンストーミング、KJ法、特性要因図、ガントチャートの概要がわかる	ブレーンストーミング、KJ法、特性要因図、ガントチャートを活用して問題発見問題解決に役立てることができる		『〇〇〇〇』 △△□□著
9	OJT後輩指導に関する知識	OJTとは、OJTの進め方			『〇〇〇〇』 △△□□著
10	OA機器とその操作に関する知識	メール・Word・Excelの基本操作ができる			『〇〇〇〇』 △△□□著
11	政治・経済・社会に関する知識	一般新聞をほぼ読みこなせる程度			一般新聞、 電子ニュース
12	労働基準法に関する知識	36協定（時間外労働・休日）労働時間・年次有給休暇など職場で必要な法規が一定程度理解できる			『〇〇〇〇』 △△□□著
13	マネジメントに関する知識	リーダーシップ、コミュニケーション、PDCA、管理職の役割			『〇〇〇〇』 △△□□著

107

全職掌共通：必要とされる知識技能の具体的内容の作成にあたっての留意事項は次の通りです。

　a　**図表2-8** の全職掌共通：必要とされる知識技能マトリックス表の知識技能項目の順に表示します。知識技能項目の名称も同じにします（コピーすればよい）。

　b　**図表2-12** の全職掌共通：必要とされる知識技能マトリックス表で「基礎知識」「一般知識」「高度知識」の表示に完全に対応させて表示します。

【図表2-13】　マトリックス表と具体的内容は完全に対応させる

【図表2-8】　全職掌共通：必要とされる知識技能マトリックス表

	知識技能項目	ステージⅠ	ステージⅡ	ステージⅢ	ステージⅣ
1	業務に関する知識	業務に関する基礎知識	業務に関する一般知識	業務に関する一般知識	業務に関する一般知識

【図表2-12】　全職掌共通：必要とされる知識技能の具体的内容

	知識技能項目	基礎知識	一般知識	高度知識	参考図書
1	業務に関する知識	各部門・各職務に定められた「日常反復して行っている」定常業務の手順	各部門・各職務に定められた非定常型（突発的であるがある程度やり方が決まっている）業務の手順		各部門のマニュアル、作業標準書

　c　知識技能の具体的内容は、これに基づいて知識技能力評価を行いますので、できる限り具体的に記入します。

　d　参考図書は、当該知識技能を開発する場合のツールになるものであり、よく調べて記入します。参考図書に挙げた書籍は会社で購入し、希望者には貸し出すようにすれば効果的です。

3 人事評価制度運用規程

(1) サンプル：人事評価制度運用規程

人事評価制度運用規程

第1条（目　的）
　　人事評価制度の運用管理は本規程に基づいて行う。

第2条（人事評価の体系）
　　人事評価は次の通りの体系で行う。

人事評価項目	
業績項目	業務遂行結果
	報告連絡相談
	チームワーク
	能力開発
	知識伝達
	業務改善
	顧客満足性
	リーダーシップ
	課題形成
	人材育成
	人事管理
	組織運営
能力項目	知識技能力
減点項目	職場規律

第3条 (人事評価項目とウェイト)

人事評価項目のステージ別・職掌・職位別ウェイトは【別表-1】(注：112ページ) の通りとする。

第4条 (人事評価基準)

人事評価項目別の評価基準は【別表-2】(注：113 ～ 116 ページ) の通りとする。

第5条 (人事評価用紙)

人事評価用紙は【別紙-1】(注：117 ページ) の通りとする。

第6条 (人事評価得点の計算)

人事評価得点の計算は次の通り行う。

(1) 業績項目および能力項目

業績項目および能力項目の5段階評価結果を5で除し、「人事評価項目とウェイト」【別表-1】のウェイトを乗じて算出し、これを合計する。

(2) 減点項目の計算

「職場規律」に問題のある者があれば、一次評価者、二次評価者が評価してその点数を算出する。

(3) 人事評価得点の計算

人事評価の得点は次の通り算出する。

人事評価得点＝業績項目および能力項目得点－減点項目得点

第7条 (評価対象期間および評価時期)

人事評価は次の通り年1回実施するものとする。

評価対象期間	評価時期
当年4月1日より翌年3月31日まで	翌年4月

第8条（評価対象者）

人事評価は評価時期に在籍する社員に対して行う。

ただし、評価対象期間中の実勤務期間が3カ月に満たない者については、原則として、対象から除外する。

第9条（評価方法および評価者）

人事評価は、原則として2段階評価とする。

・一次評価者はステージⅤ以上の直属上司

・二次評価者は一次評価者以上の上位職位者

2　人事評価は、「人事評価項目評価基準」により、一次評価者、二次評価者の各々が、所定の人事評価用紙に記入することとする。ただし、二次評価者の評価が一次評価者のそれと相違する場合は、双方十分な意見交換を行って、より公正を期すように努めるものとする。

3　被評価者の人事評価項目とウェイトは、評価期間末日のステージ・職位・職掌を適用する。

4　二次評価者の評価をもって最終評価とする。

5　ただし、部門間・評価者間で評価に著しいバラツキがある場合は、公正を期すため社長が評価の調整をすることがある。

第10条（例外的取扱い）

被評価者が次の各号のいずれかに該当する場合は、それぞれに定める通り取り扱う。

（1）　評価期間の中途に人事異動があり、新所属の在任期間が短期（2カ月程度）である等、現所属の評価者が評価を行うことが適当でない者

評価者は、前所属長の意見を参考にしたうえで評価を行う。

評価者の異動の場合もこれに準ずるものとする。

（2）　同ステージで異動し、異動のあった期の評価得点が異

動直前期の評価得点を下回った者

異動直前期の評価得点をもって、その期の得点とする（ただし、この取扱いは異動後1年間を限度とする）。

第11条（実　施）

この規程は　　　年　　　月　　　日より実施する。

【別表-1】人事評価項目とウェイト

【業績項目・能力項目】

ステージ	職　掌	業績項目												能力項目	合　計
		業務遂行結果	報告連絡相談	チームワーク	能力開発	知識伝達	業務改善	顧客満足性	リーダーシップ	課題形成	人材育成	人事管理	組織運営	知識技能力	
VII	管理職	40							10	10	10	10	10	10	100
	専門職	30					20	10		20				20	100
VI	管理職	40							10	10	10	10	10	10	100
	専門職	30					20	10		20				20	100
V	管理職	40							10	10	10	10	10	10	100
	専門職	30					20	10		20				20	100
IV		30	5	5	5	10	10	10	5					20	100
III		30	10	10	5	10	10	5						20	100
II		40	10	10	10	5	5							20	100
I		50	10	10	10									20	100

【減点項目】　職場規律

規律違反の程度	職場規律
他に悪影響を及ぼす等、重大な問題があり、再三の注意にもかかわらず改まらなかった	−10点
軽微な問題があり、注意は受け入れるが、また再発する等して改まらなかった	−5点
特に問題なし	0点

【別表-2】 人事評価項目　評価基準

1	業務遂行結果	本人に与えられた職務を、段取り良くテキパキと遂行し、その結果は正確でミスがなく、出来映えも期待通りであり、信頼が置けたかを評価する項目
5	まったく期待通りで、申し分なかった	
4	ほぼ期待通りであった	
3	期待通りとはいえないが、業務に支障を来すことはなかった	
2	期待通りでないことが時々あり、業務に支障を来すことがあった	
1	期待からはほど遠く、しばしば業務に支障を来した	

2	報告連絡相談	指示事項の結果報告は適時、適切に行われていたか、業務上の連絡は適時、適切に行われていたか、適時の相談があったかを評価する項目
5	まったく期待通りで、申し分なかった	
4	ほぼ期待通りであった	
3	期待通りとはいえないが、業務に支障を来すことはなかった	
2	期待通りでないことが時々あり、業務に支障を来すことがあった	
1	期待からはほど遠く、しばしば業務に支障を来した	

3	チームワーク	円滑な人間関係をベースに、上司・同僚と協調・協働し、仕事の隙間を埋めたり、他のメンバーを助けたり、カバーしたりして、組織の構成員として組織業績達成に積極的に貢献していたかを評価する項目
5	まったく期待通りで、申し分なかった	
4	ほぼ期待通りであった	
3	期待通りとはいえないが、業務に支障を来すことはなかった	
2	期待通りでないことが時々あり、業務に支障を来すことがあった	
1	期待からはほど遠く、しばしば業務に支障を来した	

4	能力開発	職務関連知識・技能の開発を自主的に行い、これを自らの仕事に生かし、職務拡充したかを評価する項目
5	まったく期待通りで、申し分なかった	
4	ほぼ期待通りであった	
3	そこそこ行っていたが、やや物足りないところがあった	
2	ほとんど行っておらず、物足りなかった	
1	まったく能力開発に関心がなく、能力開発を行っていなかった	

5	知識伝達	自ら得た知識・技能を自分だけのものとしまい込んでしまわないで、積極的に部門内外の者に伝達し、組織全体の知識蓄積・知識向上に貢献したかを評価する項目
5		まったく期待通りで、申し分なかった
4		ほぼ期待通りであった
3		そこそこ行っていたが、やや物足りないところがあった
2		ほとんど行っておらず、物足りなかった
1		まったく知識伝達に関心がなく、知識伝達を行っていなかった

6	業務改善	自分の業務について、常に問題意識・当事者意識をもって当たり、問題を発見・発掘していたか、必要な情報は感度良く収集・分析していたか、業務改善の提案をし、業務改善を行っていたかを評価する項目
5		まったく期待通りで、申し分なかった
4		ほぼ期待通りであった
3		そこそこ行っていたが、やや物足りないところがあった
2		ほとんど行っておらず、物足りなかった
1		まったく知識伝達に関心がなく、知識伝達を行っていなかった

7	顧客満足性	社内外の顧客に明るく対応して好印象を与えており、またそれらの人々のニーズを的確に把握し、質の高いサービス（顧客の期待を上回るサービス、提案、すばやいリアクション等）を提供して、顧客の満足を得ていたかを評価する項目
5		まったく期待通りで、申し分なかった
4		ほぼ期待通りであった
3		顧客満足的な行為はそこそこ見られたが、やや物足りないところがあった
2		ほとんど顧客満足的な行為が見られず、物足りなかった
1		まったく顧客満足的に行うというところが見られなかった

8	リーダーシップ	率先して業務を遂行し、部下への仕事の割当、仕事の指示、他部門との調整、スケジュール管理を的確に行い、会社の方針や部門の目標を、部下を動かして実現していたかを評価する項目
5		まったく期待通りで、申し分なかった
4		ほぼ期待通りであった
3		そこそこ行っていたが、やや物足りないところがあった
2		ほとんど行っておらず、物足りなかった
1		まったく知識伝達に関心がなく、知識伝達を行っていなかった

9　課題形成	会社および部門の運営、自分の業務について、常に問題意識・当事者意識をもって当たり、問題を発見・発掘していたか、必要な情報は感度良く収集・分析していたか、機会損失のない部門計画や提案を行っていたかを評価する項目
5	まったく期待通りで、申し分なかった
4	ほぼ期待通りであった
3	そこそこ行っていたが、やや物足りないところがあった
2	ほとんど行っておらず、物足りなかった
1	まったく問題意識を持っておらず、新しい提案や、計画はまったく出てこなかった

10　人材育成	部下の能力・適性をよく掌握し、部下の能力開発に実績を上げたかを評価する項目
5	まったく期待通りで、申し分なかった
4	ほぼ期待通りであった
3	そこそこ行っていたが、やや物足りないところがあった
2	ほとんど行っておらず、物足りなかった
1	まったく人材育成に関心がなく、人材育成を行っていなかった

11　人事管理	仕事の割当、観察記録等を的確に行い、部下の業績・能力を公正に評価したか、評価結果のフィードバックを的確に行ったかを評価する項目
5	まったく期待通りで、申し分なかった
4	ほぼ期待通りであった
3	部下の業績・能力の把握、部下の能力に応じた仕事の与え方、適切なフィードバックにやや物足りないところが見られ、評価にやや偏りが見られた
2	部下の業績・能力の把握、部下の能力に応じた仕事の与え方、適切なフィードバックに物足りないところが見られ、その評価はやや信頼性に欠けるところがあった
1	評価にまったく関心がなく、その評価にはまったく信頼がおけなかった

12　組織運営	適切な指示・連絡・会議、部下・上司とのコミュニケーション、他部門との連携・調整を行って、円滑な組織運営を行ったかを評価する項目
5	まったく期待通りで、申し分なかった
4	ほぼ期待通りであった
3	期待通りとはいえないが、業務に支障を来すことはなかった
2	期待通りでないことが時々あり、業務に支障を来すことがあった
1	期待からはほど遠く、しばしば業務に支障を来した

115

			保有の程度					
13	知識技能力	自らの職責を果たし、期待される成果を生み出すために必要となる業務知識およびその知識を踏まえ処理する技能を保有しているかを評価する項目	知っている	理解している	説明することができる	教えることができる	実際に行っている	業務に活用している
5	期待通りのレベルで保有している							
4	ほぼ期待通りのレベルで保有している							
3	必要最低限の基本的レベルで保有している							
2	あまり保有していない							
1	まったく保有していない							

※知識技能は現在実際に従事している業務に関する知識技能だけが評価の対象になる。

【減点項目】

14 職場規律	職場規律を守っていたかを評価する項目	
規律違反の程度		**減点額**
他に悪影響を及ぼす等、重大な問題があり、再三の注意にもかかわらず改まらなかった		－10点
軽微な問題があり、注意は受け入れるが、また再発する等して改まらなかった		－5点
特に問題なし		0点

【着眼点】

	出退勤	欠勤、遅刻、早退
	連絡・届出	欠勤・遅刻・早退・有給休暇・私用外出等の連絡・届出
	身だしなみ	制服着用、化粧、装飾品　等
	時間	集合時間、休憩時間　等
着	挨拶	朝の挨拶、帰りの挨拶、外来者への挨拶
	言葉づかい	上司・先輩・後輩・顧客に対する正しい言葉づかい
眼	整理・整頓・清掃	職場の整理・整頓・清掃
	公私混同	事務消耗品、私用電話　職場設備（車両、パソコン、コピー等）の無断借用
点	執務中の私語	
	機密情報	業務上知り得た機密情報を漏らさない
	喫煙・飲酒	喫煙場所以外での喫煙、執務中の飲酒
	その他	その他、就業規則の制裁条項を参照のこと

【別紙-1】

人事評価用紙

年 人事評価	所 属		職 位		一次評価者	
	ステージ		氏 名		二次評価者	

評価項目	ウェイト	結　果	評　価		評価 得点
			一次	二次	
		得点合計			

(2) 人事評価の体系

　こぢんまり人事制度は、評価制度構築および評価制度運用を容易にするために、評価制度を次のように思い切って簡素化しています。

> ① 評価制度は1つにする
> ② 評価期間は1年間にする
> ③ 目標管理は行わない

① 評価制度は1つにする

　多くの企業・組織の評価制度は、成績考課、情意考課、能力考課、行動評価、目標達成度評価、コンピテンシー評価等から構成されています。これらを組み合わせて評価システムを作り上げています。

　例えば、能力主義の評価の構造は**図表2-14**に示す通りです。成績考課、情意考課、能力考課から成り立っています。

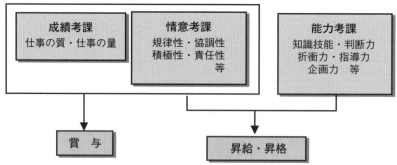

【図表2-14】　能力主義の考課と処遇の関係

　図表2-15は、筆者が提唱しているトライアングル人事システムの評価の構造です。業績評価と能力評価から成り立っています。業績評価の中には個人目標、部門業績があります。

【図表2-15】 トライアングル人事システムの評価と処遇の関係

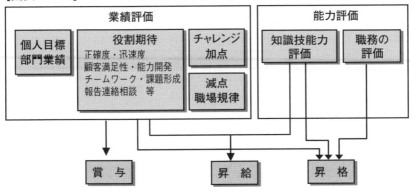

　図表2-16は、「こぢんまり人事制度」の評価の構造です。業績と能力を評価する構造は同じですが、1つにまとめられています。この評価で算出した得点は、賞与、昇格、昇給に共通に用いられることになります。評価は業績の要素と能力の要素の2つで行い、評価全体を「業績評価」「能力評価」と呼ぶことはできませんので、「人事評価」という名称にしています。

【図表2-16】 こぢんまり人事の評価と処遇の関係

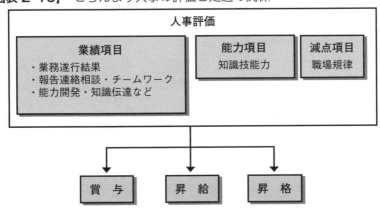

具体的な体系を示すと、**図表 2-17** に示す通りです。

【図表 2-17】 こぢんまり人事制度の人事評価

人事評価項目	
	業務遂行結果
	報告連絡相談
	チームワーク
	能力開発
	知識伝達
業績項目	業務改善
	顧客満足性
	リーダーシップ
	課題形成
	人材育成
	人事管理
	組織運営
能力項目	知識技能力
減点項目	職場規律

② 評価期間は 1 年間にする

　賞与は、通常、夏と冬に支給されます。賞与に対応して評価も半年単位にする企業・組織が多く見られます。半年単位の評価をすることはもちろんそれなりの意味があるのですが、実際、これを行うと半年はすぐ来てしまいますので、期初のやることの確認面接、前期の評価フィードバックが重なって、かなり実務的には忙しくなります。特に、今まで評価をしたことがない会社では、評価の負担は相当なものになってきます。「こぢんまり人事制度」では、評価期間を1年間にして、現場の負担の軽減を図っています。

　1年間の評価期間は、決算期に合わせるのがよいと思います。3月決算の会社では、**図表 2-18** に示すように、4月1日から翌年3月31日の期間で行います。そうすると、4月に昇給・昇格をするのは難

しくなりますので、昇給・昇格時期は7月になります。また、賞与への反映は翌年の6月、12月の賞与ということになります。賞与への反映は、かなり時間が空いてしまいますが、それはやむを得ないと考えます。時間がかかっても評価の結果はきちんと賞与に反映されるということを社員が理解すれば、納得感を得られると思います。

どうしても4月に昇給・昇格させたいという会社もあります。その場合は評価期間を1月1日から12月31日にします。売上目標・利益目標は決算期に合わせて設定されますので、3月決算の企業・組織では、評価期間と目標の期間がズレることになります。その場合は、1月から3月の売上・利益は見込みで行い、達成率を計算するか、売上・利益目標の期間を評価の期間に合わせるかします。

賞与に反映する人事評価は上記の通りとしますが、賞与支給対象期間・出勤率の計算は、**図表2-18**に示すように賞与に対応させます。すなわち、夏季賞与については10月1日から3月末日、冬季賞与については4月1日から9月末日というようにします。

【図表2-18】 人事評価と処遇の関係

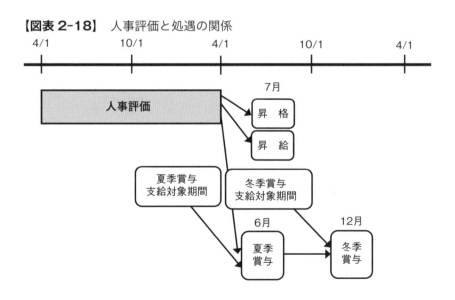

③ 目標管理は行わない

　目標管理は、組織の満足、個人の満足を同時達成するシステムとして大変有効な制度なのですが、セルフコントロールの考えもあり、易しい目標を設定して達成度を上げて高い評価得点を得ることもできなくはありません。本人の目標設定能力、上司の目標設定指導力を高めることが必須であり、そのために目標設定研修、目標設定指導研修を行うことが必要です。目標設定面接、目標中間時面接、目標達成度面接、フィードバックといったPDCAを回す部分があり、時間、労力も相当取られます。人事の責任者は、運用がうまくいっているか常に目を光らせる必要があります。つまり、目標管理は大変有効な制度ですが、しっかり運用できることが前提です。運用体制が不十分で、目標設定能力、目標設定指導能力が不十分のまま目標管理を導入しても、十分効果を上げることはできないと思います。「こぢんまり人事制度」を導入しようとする企業・組織は、まだそのレベルに達していないと見て、思い切って目標管理は行わないことにしました。

　ただ、目標管理で取り扱ってきた仕事はどこかで評価することが必要ですので、目標管理で取り扱ってきた仕事は「業務遂行結果」という評価項目で評価することになります。「業務遂行結果」の評価基準は**図表2-19**の通りです。

【**図表2-19**】　業務遂行結果　評価基準

1	業務遂行結果	本人に与えられた職務を、段取り良くテキパキと遂行し、その結果は正確でミスがなく、出来映えも期待通りであり、信頼が置けたかを評価する項目
5	まったく期待通りで、申し分なかった	
4	ほぼ期待通りであった	
3	期待通りとはいえないが、業務に支障を来すことはなかった	
2	期待通りでないことが時々あり、業務に支障を来すことがあった	
1	期待からはほど遠く、しばしば業務に支障を来した	

職務遂行結果で評価する仕事は、**図表 2-20** のようなものになります。

【**図表 2-20**】　「業務遂行結果」で評価するもの

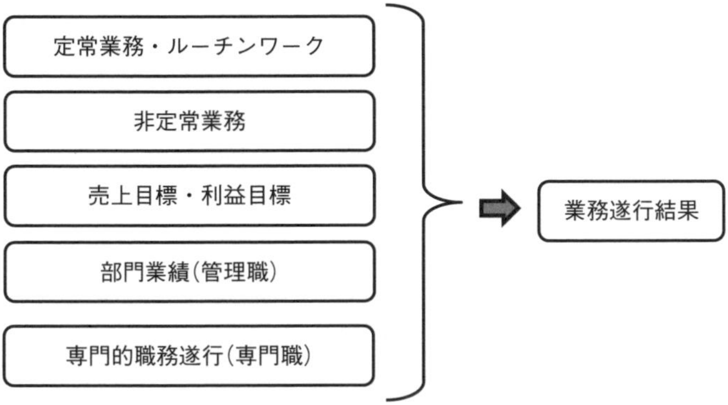

| 定常業務・ルーチンワーク |
| 非定常業務 |
| 売上目標・利益目標 |
| 部門業績（管理職） |
| 専門的職務遂行（専門職） |

→　業務遂行結果

（3） 人事評価項目（業績項目）

モデル会社の人事評価項目とウェイトは**図表2-21**の通りです。会社によって人事評価項目とウェイトは変わります。自社の価値観、社員に期待するところに沿って、人事評価項目とウェイトを設計してください。

人事評価項目は「業績項目」「能力項目」「減点項目」からなります

【図表2-21】 人事評価項目とウェイト

| ステージ | 職　掌 | 業績項目 | | | | | | | | | | | | 能力項目 | 合　計 |
		業務遂行結果	報告連絡相談	チームワーク	能力開発	知識伝達	業務改善	顧客満足性	リーダーシップ	課題形成	人材育成	人事管理	組織運営	知識技能力	
VII	管理職	40							10	10	10	10	10	10	100
	専門職	30					20	10		20				20	100
VI	管理職	40							10	10	10	10	10	10	100
	専門職	30					20	10		20				20	100
V	管理職	40							10	10	10	10	10	10	100
	専門職	30					20	10		20				20	100
IV		30	5	5	5	10	10	10	5					20	100
III		30	10	10	5	10	10	5						20	100
II		40	10	10	10	5	5							20	100
I		50	10	10	10									20	100

【減点項目】 職場規律

規律違反の程度	職場規律
他に悪影響を及ぼす等、重大な問題があり、再三の注意にもかかわらず改まらなかった	－ 10点
軽微な問題があり、注意は受け入れるが、また再発する等して改まらなかった	－ 5点
特に問題なし	0点

が、まず「業績項目」について説明します。

人事評価項目とウェイトは役割能力要件表に基づいて設定します。役割能力要件表と評価制度の関係は**図表2-22**の通りになっています。

【図表2-22】 役割能力要件表と人事評価の関係

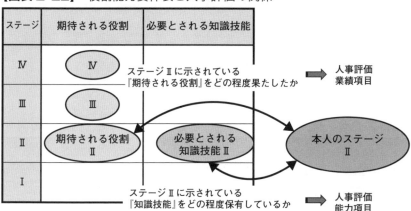

① 一般層の人事評価項目（業績項目）とウェイト

　本人のステージがⅡであった場合、ステージⅡに展開されている「期待される役割」はやらねばなりません。その役割をきちんと果たしたかを評価するのが「人事評価　業績項目」です。

　例えば、ステージⅡの役割能力要件表の「期待される役割」が次ページ**図表2-23**の通りであったとします。成果（業績）とは「期待される役割」をどのくらい果たしたかですから、ステージⅡの「期待される役割」に対応して業績項目とウェイトを設定する必要があります。この関係を表したのが**図表2-24**です。「期待される役割」と業績項目がほぼ対応していることがわかると思います。

【図表 2-23】 ステージⅡの役割能力要件表の「期待される役割」

① 上長からの指示および定められた業務手順に従い、定常業務および非定常業務を確実・迅速に遂行する
② 情報の共有と「報告・連絡・相談」を適時・適切に行う
③ チームの一員として、円滑な人間関係を構築し、上司・同僚と協調・協働してチームワークに貢献する
④ 業務遂行に必要な基礎的知識・技能を修得する
⑤ 社会的責任を自覚し、関係法令や就業規則他社内諸規程を遵守して職務を遂行する
⑥ 自分の知識・技能を積極的に部門メンバーに伝達し、部門の知識・技能の蓄積・向上に貢献する
⑦ 担当業務に関して問題を発見し、上長に報告する

【図表 2-24】 ステージⅡの人事評価項目（業績項目）とウェイトの例

業績項目	ウェイト	人事評価項目（業績項目）に対応する「期待される役割」
業務遂行結果	40%	① 上長からの指示及び定められた業務手順に従い、定常業務および非定常業務を確実・迅速に遂行する
報告連絡相談	10%	② 情報の共有と「報告・連絡・相談」を適時・適切に行う
チームワーク	10%	③ チームの一員として、円滑な人間関係を構築し、上司・同僚と協調・協働してチームワークに貢献する
能力開発	10%	④ 業務遂行に必要な基礎的知識・技能を修得する
知識伝達	5%	⑥ 自分の知識・技能を積極的に部門メンバーに伝達し、部門の知識・技能の蓄積・向上に貢献する
業務改善	5%	⑦ 担当業務に関して問題を発見し、上長に報告する

減点項目		減点項目に対応する「期待される役割」
職場規律	―	⑤ 社会的責任を自覚し、関係法令や就業規則他社内諸規程を遵守して職務を遂行する

② 管理職の人事評価項目（業績項目）とウェイト

　次に、管理職の人事評価項目（業績項目）とウェイトがどのようになるかを考えてみたいと思います。

　管理職の成果については第Ⅰ章で説明していますので、その箇所を参照ください（37〜43ページ）。

管理職の役割は部門業績責任者、部門活性化推進者の役割があり、これをきちんと果たしたかどうかが管理職の成果ということになります。このように考えると管理職の成果は「部門業績」が中心となりますが、決して部門業績だけではないということがわかります。組織活性化の諸活動も管理職の本源的な役割であり、これをしっかり果たすことが管理職の成果ということができます（**図表2-25**）。

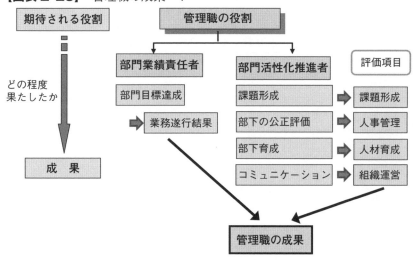

【図表2-25】　管理職の成果－1

③ 管理職の成果をどう捉えるか

　次ページ**図表2-26**は、このようにして捉えた管理職の成果（業績）を評価する仕組みを人事評価項目（業績項目）とウェイトに展開したものです。

　世間一般で管理職の成果といえば、「部門業績」を指すのではないでしょうか。成果を「期待される役割をいかに果たしたか」と定義すれば、管理職に期待される役割には、部門業績責任者としての役割だけでなく、組織活性化推進者としての役割があります。組織活性化推進者としての役割をしっかり果たすのも管理職の成果といえます。部

下を育成するのも、部下の人事評価をしっかり行うのも管理職の成果です。コミュニケーションをとること、機会損失のない部門目標を策定することも管理職の成果といえます。

【図表 2-26】 管理職の人事評価項目（業績項目）とウェイトの例

業績項目	ウェイト	業績項目の内容	
業務遂行結果	40%	本人に与えられた職務を、段取り良くテキパキと遂行し、その結果は正確でミスがなく、出来映えも期待通りであり、信頼が置けたかを評価する項目（部門業績責任者としての役割を果たしたかも含む）	
リーダーシップ	10%	率先して業務を遂行し、部下への仕事の割当、仕事の指示、他部門との調整、スケジュール管理を的確に行い、会社の方針や部門の目標を、部下を動かして実現していたかを評価する項目	
課題形成	10%	部門活性化推進者	会社および部門の運営、自分の業務について、常に問題意識を持って当たっていたか、必要な情報は感度良く収集・分析していたか、問題を発掘し課題形成を積極的に行っていたか、機会損失のない部門計画や提案を行っていたかを評価する項目
人材育成	10%		部下の能力・適性をよく掌握し、部下の能力開発に実績を上げたかを評価する項目
人事管理	10%		仕事の割当、目標設定時の指導、観察記録等を的確に行い、部下の業績・能力を公正に評価したか、評価結果のフィードバックを的確に行ったかを評価する項目
組織運営	10%		適切な業務上の指示、部下とのコミュニケーション、他部門との連携・調整を行って円滑な部門運営を行い、部門を活性化させたかを評価する項目

(4) 人事評価項目（能力項目）

　役割能力要件表の「必要とされる知識技能」は保有しなければなりません。しっかり保有しているかを評価するのが人事評価項目（能力項目）の知識技能力です。

【図表 2-27】 役割能力要件表と評価の関係

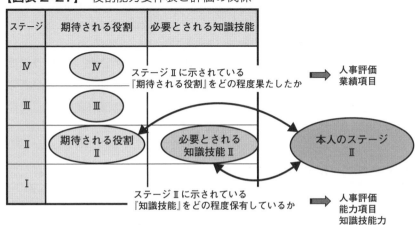

　役割能力要件表のステージⅡ「必要とされる知識技能」には、次ページ**図表 2-28** のように「必要とされる知識技能」が展開されています。この知識技能は保有することが必要です。きちんと保有しているかどうかを評価するのが「知識技能力」の評価です。

【図表2-28】 ステージⅡの役割能力要件表の「必要とされる知識技能」

① 業務に関する一般知識
② ビジネスマナーの基礎知識
③ 就業規則等の基礎知識
④ 関係法令に関する基礎知識
⑤ 当社の概要に関する基礎知識
⑥ 5S に関する基礎知識
⑦ 文書報告書作成に関する基礎知識
⑧ 問題発見問題解決技法に関する基礎知識
⑨ OJT 後輩指導に関する基礎知識
⑩ OA 機器とその操作に関する基礎知識

　知識技能力評価の評価基準は**図表2-29** の通りです。保有の程度は「知っている」から「業務に活用している」まで様々な段階があります。役割能力要件表の「必要とされる知識技能の具体的内容」に照らしてしっかり評価することが必要です。

【図表2-29】 知識技能力評価　評価基準

			保有の程度					
13	知識技能力	自らの職責を果たし、期待される成果を生み出すために必要となる業務知識およびその知識を踏まえ処理する技能を保有しているか	知っている	理解している	説明することができる	教えることができる	実際に行っている	業務に活用している
5	期待通りのレベルで保有している							
4	ほぼ期待通りのレベルで保有している							
3	必要最低限の基本的レベルで保有している							
2	あまり保有していない							
1	まったく保有していない							

※　知識技能は現在実際に従事している業務に関する知識技能だけが評価の対象になる。

（5）　減点項目

　職場規律は、社員に守ってもらわなければならないものです。守るのが当たり前です。そのため、守るのが「期待通り」として「5」と評価するのは、少しおかしいと感じます。ある企業・組織では、職場規律の評価は「3」までで「4」「5」をつけないとしていたところもありました。これも少し違和感があります。むしろ守って当たり前ですので、何も評価せず、守らなければ減点とするほうが、この種の評価項目にはベストなのではないでしょうか。

　職場規律を減点とする場合は、**図表2-30**のような評価基準とします。

【図表2-30】　減点項目　職場規律

規律違反の程度	職場規律
他に悪影響を及ぼす等、重大な問題があり、再三の注意にもかかわらず改まらなかった	－10点
軽微な問題があり、注意は受け入れるが、また再発する等して改まらなかった	－5点
特に問題なし	0点

　そして、職場規律で守るものを**図表2-31**のように定めておきます。

【図表2-31】　職場規律で守るべきもの

項目	具体的内容
出退勤	欠勤、遅刻、早退
連絡・届出	欠勤・遅刻・早退・有給休暇・私用外出等の連絡・届出
身だしなみ	制服着用、制服洗濯、化粧、装飾品　等
時間	集合時間、休憩時間　等
挨拶	朝の挨拶、帰りの挨拶、外来者への挨拶
言葉づかい	上司・先輩・後輩・顧客に対する正しい言葉づかい
整理・整頓・清掃	職場の整理・整頓・清掃
公私混同	事務消耗品、私用電話　職場設備（車両、パソコン、コピー等）の無断借用
執務中の私語・喫煙・飲酒	執務中の私語、喫煙場所以外での喫煙、執務中の飲酒
その他	その他、就業規則の制裁条項を参照のこと

（6）　異動者への救済策

　人事評価制度運用規程第10条（2）に**図表 2-32**に示すような条文があります。これについて少し説明します。

【図表 2-32】　人事評価制度運用規程　第10条（2）

　同ステージで異動し、異動のあった期の評価得点が異動直前期の評価得点を下回った者

　異動直前期の評価得点をもって、その期の得点とする（ただし、この取扱いは異動後1年間を限度とする）。

　職務の幅を広げ、能力開発するために、我が国の会社では異動が行われています。その場合、異動によって不利にならないようにするのがこの規定です。

　例えば、ステージⅢの営業職のA君が経理部門に異動したとします。A君は入社以来営業で、営業ではベテランです。ところが異動した経理部門ではまったくの素人です。経理の能力ということでは、ステージⅠかステージⅡの段階と思われます。しかし、この人事制度は経理に異動したからといって降格はさせません。ステージⅢは保持されます。経理のステージⅢのバーはA君にとって相当高く、評価得点もあまり上がりません。営業ではベテランですから80点を取っていたのですが、経理になると70点になりました。その場合、経理で受けた70点ではなく、営業時代の80点にするというのがその内容です。ただし、いつまでも救済するということではなく、1年間を限度とします。

【図表 2-33】 異動者への救済策

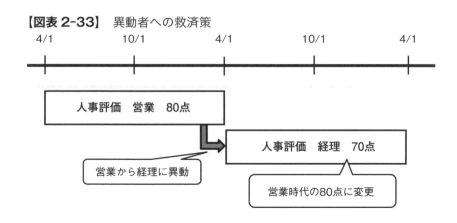

(7) 人事評価得点の計算

　人事評価得点の計算については第Ⅰ章で説明していますので、その箇所をご参照ください。

Ⅰ―2―(3)―③　人事評価得点の計算方法（47 〜 48 ページ）

(8) サンプル：人事評価制度運用規程の修正

　人事評価制度運用規程で修正を検討する必要のある箇所は、次の通りです。

◯ 別表-1　人事評価項目とウェイト

a　ウェイトの変更

　ステージ・職掌に対応する人事評価項目のウェイトを変更する必要があれば、変更してください。ただし、ウェイトの合計は 100 になる

ようにする必要があります。

b　人事評価項目の追加

　人事評価項目を追加したい場合（例えば、自発性（**図表 2-34**）、上司の補佐（**図表 2-35**）等）、評価項目名、定義、評価段階を定めて、人事評価項目ウェイト表に追加します。

【**図表 2-34**】　自発性

自発性	周りの状況を判断して、自ら進んで業務に取り組んでおり、また、人が嫌がるような仕事、急な指示事項であっても嫌がらずに、自発的な姿勢で業務を行っているかを評価する項目
5	まったく期待通りで、申し分なかった
4	ほぼ期待通りであった
3	自発的な行為はそこそこ見られたが、やや物足りないところがあった
2	ほとんど自発的な行為が見られず、物足りなかった
1	まったく自発的に行うというところが見られなかった

【**図表 2-35**】　上司の補佐

上司の補佐	所属部門の運営に関して、上司と協調・協働し、部門業績達成、部門活性化に向けて、積極的に上司の補佐をしていたかを評価する項目
5	まったく期待通りで、申し分なかった
4	ほぼ期待通りであった
3	そこそこ行っていたが、やや物足りないところがあった
2	ほとんど行っておらず、物足りなかった
1	まったく上司の補佐に関心がなく、上司の補佐を行っていなかった

4 給与規程

（1） サンプル：給与規程

給与規程

第1章 総　則

第1条（目　的）

　この規程は、就業規則第○○条に基づき、社員の給与に関する事項について定めたものである。

第2条（適用範囲）

　この規程は、社員に適用する。嘱託、契約社員、パートタイマー、アルバイトに対しては適用しない。

第3条（給与の体系）

　社員の給与体系は次の通りとする。

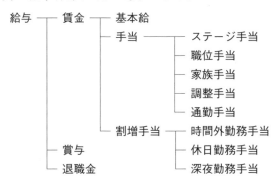

第4条（賃金の計算期間および支払日）

賃金は、当月1日から当月末日（末日を賃金の締切日という）までの期間につき、翌月の15日に支給する。

支給日が休日の場合は、原則としてその前日に繰り上げて支給する。

2　前項の支給については本人の同意に基づき、金融機関の口座に振り込んで支給することができる。

第5条（賃金から控除するもの）

賃金の計算に際しては、その者の源泉所得税、住民税、社会保険料本人負担額、雇用保険料本人負担額、労働者の過半数を代表する者との協定によるものを控除する。

第6条（日割計算）

社員が賃金計算期間の中途において、採用、退職または解雇されたときは、特に定めるもののほか、日割計算により支給する。

2　日割計算とは、日額（日割算定基礎額を月平均所定労働日数で除して算出した額）に、日割計算対象となる賃金計算期間における在籍期間の労働日数を乗じて算出した額を支給することをいう。

3　日割算定基礎額とは、基本給、ステージ手当、職位手当、家族手当、調整手当の合計額をいう。

4　月平均所定労働日数とは、当年度の所定労働日数（当年度の暦日数から当年度の所定休日日数を減じて算出した日数）を12で除して算出した日数をいう。

第7条（欠勤、遅刻、早退、私用外出による控除）

社員が欠勤した場合は欠勤日数に応じて欠勤控除し、遅刻、早退、私用外出したとき（本条では遅刻早退等という）

は遅刻早退等により就労していない時間に応じて遅刻早退
等控除をする。

2　欠勤控除とは、日額（日割算定基礎額を月平均所定労働日
数で除して算出した額）に、欠勤控除の対象となる賃金計算
期間における欠勤日数を乗じて算出した額を控除することを
いう。

3　遅刻早退控除とは、時間割額（日割算定基礎額を月平均所
定労働時間数で除して算出した額）に、遅刻早退等控除の対
象となる賃金計算期間における遅刻早退等により就労してい
ない時間数を乗じて算出した額を控除することをいう。

第8条（退職または解雇に伴う賃金の支払い）

賃金計算期間の中途で退職または解雇された場合の賃金
は次の通り支給する。

(1)　死亡退職の場合は、全額支給する。

(2)　死亡退職以外の退職・解雇の場合は、その日までの日
割計算とする。

第2章　基本給

第9条（基本給）

基本給はステージごとに上限・下限を定める。その額は【別
表-1】（注：141ページ）の通り定める。基本給は、その者
の能力、職務の内容および責任の度合、人事評価結果等に
基づいて決定する。

2　ステージごとに定める基本給の上限・下限は、著しい物価
水準の上昇・下降があれば変更することがある。ただし、個
人の基本給については、変更後の基本給の上限を上回る場合
および下限を下回る場合を除き、原則変動しない。

第10条 （昇降給）

昇給は、別に定める昇給管理規程により、年1回7月に行う。

2 昇給後の賃金の適用は、6月1日よりの賃金とする。

3 降格した場合は降給することがある。

第11条 （特別昇給）

勤務成績が良好である等、必要あるときは、特別昇給を行うことができる。

第3章 諸 手 当

第12条 （ステージ手当）

ステージ手当は、その者が格付けされているステージに応じて支給する。その額は【**別表-2**】（注：142ページ）の通り定める。

第13条 （職位手当）

職位手当は、部長、課長に対して支給する。その額は【**別表-3**】（注：142ページ）の通り定める。

第14条 （家族手当）

家族手当は、次に掲げる者で、主として社員の扶養を受けている親族を有する社員に支給する。その額は【**別表-4**】（注：142ページ）の通り定める。

(1) 配偶者

(2) 満18歳以下の子

(3) 満60歳以上の父母および祖父母

2 前項の第2号については、18歳に達した日以後の最初の3月まで支給する。

3 扶養親族の条件は、健康保険の対象扶養者とする。

第15条（調整手当）

賃金を調整することが必要な場合、一定期間、調整手当として支給する。

第16条（通勤手当）

通勤手当は片道の通勤距離が2km以上の社員に対して次の区分によって支給する。

(1) 公共交通機関を利用して通勤する社員には、経済的かつ合理的であると会社が認めた経路および方法により算定した定期券購入に要する実費を支給する。ただし1カ月50,000円を上限とする

(2) 自家用自動車、オートバイ等による通勤が必要な社員は会社へ申請し許可を得ることにより、自家用自動車、オートバイ等により通勤することができる。この場合、会社が許可した経路による通勤距離に応じたガソリン代を支給する。

第17条（割増手当）

所定就業時間を超えて、または休日に勤務した場合には、時間外勤務手当または休日勤務手当を、深夜（午後10時から翌日午前5時までの間）において勤務した場合には深夜勤務手当を、それぞれ次の計算により支給する。

＜時間外勤務手当、休日勤務手当＞

$$\frac{割増手当算定基礎額}{月平均所定労働時間数} \times 1.25 \times 時間外・休日労働時間$$

（勤務した休日が法定休日の場合は、割増率を1.35とする）

＜深夜勤務手当＞

$$\frac{割増手当算定基礎額}{月平均所定労働時間数} \times 0.25 \times 深夜労働時間$$

2　割増手当算定基礎額とは、基本給、ステージ手当、職位手当、調整手当の合計額をいう。

3　月平均所定労働時間数とは、当年度の年間所定労働時間数（当年度の暦日数から年間所定休日日数を減じて算出した日数に、1日の所定労働時間を乗じて算出した時間数）を12で除して算出した時間数をいう。

第18条（端数処理）

賃金の計算上、円未満の端数が生じたときは、計算途中の端数処理はせず、支給額を算出するときには円未満の端数を切り上げ、控除額を算出するときには円未満の端数を切り捨てるものとする。

第19条（諸手当支給の原則）

諸手当は、その支給を受けるべき事実が生じた日の属する賃金の計算期間の初日から支給し、その受給資格を失った日の属する賃金の計算期間の末日の翌日から支給を終了する。

2　新たに諸手当の受給者の要件を満たした場合、または受給要件に該当しなくなった場合は、直ちに届け出なければならない。

ただし、届出が遅延した場合は、支給に関しては届出のあった日をその支給を受けるべき事実が生じた日とし、支給終了については受給資格を失った日に遡って適用して行うものとする。

第20条（適用除外）

ステージⅤ以上の社員に対しては、第17条の時間外および休日勤務割増手当は支給しない。

第4章　賞　　与

第21条（賞　与）

賞与は、別に定める「賞与管理規程」に基づき支給する。

第5章　退　職　金

第22条（退職金）

退職金は、別に定める「退職金規程」に基づき支給する。

付　　則

1．この規程は　　年　　月　　日より実施する。

【別表】

1　基本給

ステージ	下　限	上　限
ステージⅦ	330,000 円	450,000 円
ステージⅥ	290,000 円	400,000 円
ステージⅤ	260,000 円	360,000 円
ステージⅣ	230,000 円	320,000 円
ステージⅢ	200,000 円	290,000 円
ステージⅡ	180,000 円	270,000 円
ステージⅠ	160,000 円	250,000 円

2 ステージ手当

ステージ	ステージ手当
ステージⅦ	70,000円
ステージⅥ	60,000円
ステージⅤ	50,000円
ステージⅣ	15,000円
ステージⅢ	10,000円
ステージⅡ	5,000円
ステージⅠ	0円

3 職位手当

職　位	職位手当
部　長	30,000円
課　長	20,000円

4 家族手当

扶養者	家族手当
なし	0円
配偶者	20,000円
子（1人当たり）	5,000円
父母および祖父母（1人当たり）	5,000円

（2） 給与規程は現行給与規程をベースにする

　人事制度が整備されていない場合でも、就業規則整備済の会社はあるでしょう。就業規則の○○条として「給与に関しては別に給与規程に定める」と別規程にしている会社もあると思います。給与規程は現在会社にある給与規程をベースに修正するという形で行うのがよいと思います。というのは、給与の計算期間、支払日、賃金から控除するもの、時間外手当等に関することは現状を変更しませんので、条文の立て方を含めて現行の給与規程をベースにして、変更箇所だけ変更するほうがよいからです。

　そして、変更箇所としては、給与体系、基本給、ステージ手当、職位手当等賃金に関するところになります。

　就業規則が整備されていない会社は、新たに作成する必要があります。

（3） 給与体系

　給与体系については第Ⅰ章で説明していますので、その箇所をご参照ください。

Ⅰ—2—(4)—①　給与体系（50 ページ）

　そのため、以下は第Ⅰ章の説明と重複しますが、理解をしやすくするため、もう一度挙げます。

　モデル会社の給与体系は次ページ**図表 2-36** の通りです。

【図表 2-36】 給与体系

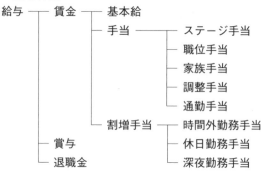

　給与体系で変更するところは基本給、ステージ手当、職位手当、調整手当です。他の賃金項目は原則、変更する必要はないでしょう。ここでは家族手当がありますが、その他、住宅手当、業務手当、皆勤手当等がある場合は、現状のまま表示します。

(4) 基本給

　基本給については第Ⅰ章で説明していますので、その箇所をご参照ください。

> Ⅰ―2―(4)―②　基本給（50～52ページ）

　第Ⅰ章の説明と重複しますが、理解をしやすくするため、もう一度挙げます。
　モデル会社のサンプル規程では、基本給は**図表 2-37**のような金額になっています。グラフで表すと**図表 2-38**の通りです。

【図表2-37】 基本給

ステージ	下 限	上 限
ステージⅦ	330,000 円	450,000 円
ステージⅥ	290,000 円	400,000 円
ステージⅤ	260,000 円	360,000 円
ステージⅣ	230,000 円	320,000 円
ステージⅢ	200,000 円	290,000 円
ステージⅡ	180,000 円	270,000 円
ステージⅠ	160,000 円	250,000 円

【図表2-38】 ステージ別基本給レンジ

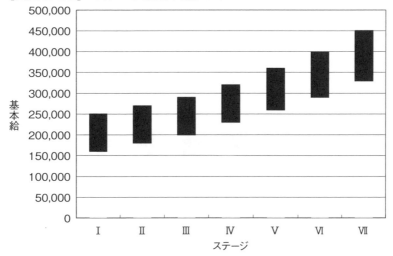

　このステージ別の上限・下限の妥当性を検証し、会社の実情に合わせて調整すればよいということになります。

　要は、賃金のレベルをどの程度にするかということになります。現在在籍している社員の賃金レベルが基礎になります。社員をステージに格付けしてみて、現在の基本給（※）が上限・下限のレンジの中にほぼ収まっていれば問題ないということになります。

※　現在の基本給と新しい基本給の構成が異なっていれば、新しい賃金構成に置き換えて計算します。これが難しければ、次に述べる年収ベース

で検証してもよいと思います。

　この基本給の上限・下限の額から年収を推定すると、**図表2-39**、**図表2-40** の通りです。これをグラフで表せば**図表2-41** の通りとなります。

【図表2-39】　基本給上限の場合の年収

ステージ	職位	基本給（上限）	ステージ手当	職位手当	家族手当	時間外手当	賃金合計	賞 与	年 収
Ⅰ	一般	250,000	0	0	0	37,480	287,480	1,000,000	4,449,756
Ⅱ	一般	270,000	5,000	0	0	41,228	316,228	1,100,000	4,894,731
Ⅲ	一般	290,000	10,000	0	20,000	44,976	364,976	1,280,000	5,659,707
Ⅳ	一般	320,000	15,000	0	25,000	50,223	410,223	1,440,000	6,362,672
Ⅴ	課長	360,000	50,000	20,000	30,000		460,000	1,840,000	7,360,000
Ⅵ	課長	400,000	60,000	20,000	30,000		510,000	2,040,000	8,160,000
Ⅶ	部長	450,000	70,000	30,000	30,000		580,000	2,320,000	9,280,000

【図表2-40】　基本給下限の場合の年収

ステージ	職位	基本給（上限）	ステージ手当	職位手当	家族手当	時間外手当	賃金合計	賞 与	年 収
Ⅰ	一般	160,000	0	0	0	23,987	183,987	640,000	2,847,844
Ⅱ	一般	180,000	5,000	0	0	27,735	212,735	740,000	3,292,819
Ⅲ	一般	200,000	10,000	0	20,000	31,483	261,483	920,000	4,057,795
Ⅳ	一般	230,000	15,000	0	25,000	36,730	311,730	1,100,000	4,840,760
Ⅴ	課長	260,000	50,000	20,000	30,000		360,000	1,440,000	5,760,000
Ⅵ	課長	290,000	60,000	20,000	30,000		400,000	1,600,000	6,400,000
Ⅶ	部長	330,000	70,000	30,000	30,000		460,000	1,840,000	7,360,000

※　時間外は月20時間
　　賞与は賞与算定基礎額（基本給＋ステージ手当＋職位手当）に対し年間4カ月
　　家族手当はステージⅢで結婚、ステージⅣで第一子誕生、ステージⅤで第二子誕生
　　として計算。

【図表 2-41】 ステージ別年収レンジ

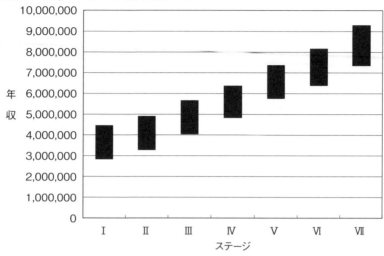

　年収ベースで検証して、賃金レベルをもう少し上、もう少し下と調整します。例えば、我が社の部長は、年収1,000万円程度は出したいなと思えば、**図表2-39**ではステージⅦの部長の年収は928万円と、1,000万円を少し下回っていますので、基本給の上限を少し上げるといった具合です。

(5)　モデル別賃金シミュレーション

　これまではステージ別の基本給の上限・下限からステージ別の年収を推定しましたが、部長モデル、課長モデル、ステージⅢモデルといったモデル別に賃金をシミュレーションすることもできます。

　モデルは第Ⅰ章の79ページの退職金推定のモデルと同じにします。

　また、「こぢんまり人事制度」は基本給に賃金表がありませんので、将来の賃金がどのようになるのか不安だという人がいます。確かに賃金表があれば自分の給料がどのようになるのかを想定しやすいのですが、それでも、昇給率や昇格がどのようになるかよくわかりませんので、実際問題としては確固たるものが想定できるわけでもありません。

モデル別賃金シミュレーションは、賃金表がなくても昇給率や昇格を想定して、将来の賃金を想定できることを示しています。

図表 2-42 は、モデルを設定して年齢別賃金を想定したもの、**図表 2-43** は年齢別年収を想定したものです。

【図表 2-42】　年齢別賃金グラフ

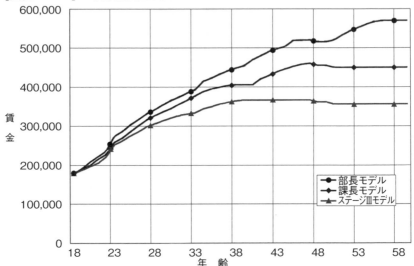

【図表 2-43】　年齢別年収グラフ

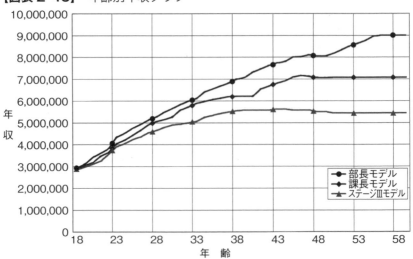

【図表2-44】　部長モデル　年齢別賃金・年収シミュレーション

年齢	勤続	ステージ	職位	扶養者	基本給	ステージ手当	職位手当	家族手当	時間外手当	賃金合計	昇給額	賞与	年収
18	0	1	一般	扶養者なし	160,000	0	0	0	19,190	179,190	10,745	393,559	2,937,393
19	1	1	一般	扶養者なし	170,745	0	0	0	20,478	191,223	10,745	406,692	3,108,064
20	2	2	一般	扶養者なし	181,490	5,000	0	0	22,367	208,857	11,820	459,425	3,425,130
21	3	2	一般	扶養者なし	193,310	5,000	0	0	23,784	222,094	11,820	473,872	3,612,868
22	4	2	一般	扶養者なし	205,129	5,000	0	0	25,202	235,331	11,820	488,318	3,800,605
23	5	3	一般	配偶者あり	216,949	10,000	0	20,000	27,219	274,168	11,052	526,164	4,342,339
24	6	3	一般	配偶者あり	228,001	10,000	0	20,000	28,545	286,545	11,052	539,672	4,517,885
25	7	3	一般	子供 1人	239,053	10,000	0	25,000	29,870	303,923	11,052	553,181	4,753,432
26	8	3	一般	子供 1人	250,105	10,000	0	25,000	31,196	316,300	8,842	566,689	4,928,979
27	9	3	一般	子供 2人	258,946	10,000	0	30,000	32,256	331,202	8,842	577,496	5,129,416
28	10	3	一般	子供 2人	267,788	10,000	0	30,000	33,316	341,104	6,631	588,302	5,269,854
29	11	4	一般	子供 2人	274,419	15,000	0	30,000	34,711	354,130	9,978	618,907	5,487,378
30	12	4	一般	子供 2人	284,396	15,000	0	30,000	35,908	365,304	7,982	631,102	5,645,857
31	13	4	一般	子供 2人	292,378	15,000	0	30,000	36,865	374,244	9,578	672,358	5,835,641
32	14	4	一般	子供 2人	301,957	15,000	0	30,000	38,014	384,971	7,184	684,065	5,987,782
33	15	4	一般	子供 2人	309,141	15,000	0	30,000	38,876	393,016	4,789	692,846	6,101,887
34	16	5	課長	子供 2人	313,930	50,000	20,000	30,000	0	413,930	9,210	723,899	6,414,956
35	17	5	課長	子供 2人	323,140	50,000	20,000	30,000	0	423,140	9,210	735,156	6,547,990
36	18	5	課長	子供 2人	332,350	50,000	20,000	30,000	0	432,350	9,210	746,413	6,681,023
37	19	5	課長	子供 2人	341,560	50,000	20,000	30,000	0	441,560	6,908	757,670	6,814,057
38	20	5	課長	子供 2人	348,467	50,000	20,000	30,000	0	448,467	5,526	803,912	6,989,432
39	21	5	課長	子供 2人	353,993	50,000	20,000	30,000	0	453,993	5,526	810,666	7,069,253
40	22	6	課長	子供 2人	359,519	60,000	20,000	30,000	0	469,519	10,438	844,421	7,323,073
41	23	6	課長	子供 2人	369,957	60,000	20,000	30,000	0	479,957	10,438	857,178	7,473,844
42	24	6	課長	子供 2人	380,395	60,000	20,000	30,000	0	490,395	7,829	869,936	7,624,616
43	25	6	課長	子供 2人	388,224	60,000	20,000	30,000	0	498,224	5,219	879,505	7,737,695
44	26	6	課長	子供 2人	393,443	60,000	20,000	30,000	0	503,443	5,219	885,883	7,813,080
45	27	6	部長	子供 2人	398,662	60,000	30,000	30,000	0	518,662	1,338	892,262	8,008,466
46	28	6	部長	子供 2人	400,000	60,000	30,000	30,000	0	520,000	0	893,898	8,027,796
47	29	6	部長	子供 2人	400,000	60,000	30,000	30,000	0	520,000	0	938,898	8,117,796
48	30	6	部長	子供 2人	400,000	60,000	30,000	30,000	0	520,000	0	938,898	8,117,796
49	31	6	部長	子供 1人	400,000	60,000	30,000	25,000	0	515,000	0	938,898	8,057,796
50	32	7	部長	子供 1人	400,000	70,000	30,000	25,000	0	525,000	11,666	966,798	8,233,596
51	33	7	部長	子供 1人	411,666	70,000	30,000	25,000	0	536,666	11,666	981,057	8,402,105
52	34	7	部長	子供 1人	423,332	70,000	30,000	25,000	0	548,332	8,750	995,315	8,570,615
53	35	7	部長	配偶者あり	432,082	70,000	30,000	20,000	0	552,082	8,750	1,006,009	8,636,997
54	36	7	部長	配偶者あり	440,831	70,000	30,000	20,000	0	560,831	5,833	1,016,703	8,763,379
55	37	7	部長	配偶者あり	446,664	70,000	30,000	20,000	0	566,664	3,336	1,076,933	8,953,834
56	38	7	部長	配偶者あり	450,000	70,000	30,000	20,000	0	570,000	0	1,081,010	9,002,020
57	39	7	部長	配偶者あり	450,000	70,000	30,000	20,000	0	570,000	0	1,081,010	9,002,020
58	40	7	部長	配偶者あり	450,000	70,000	30,000	20,000	0	570,000	0	1,081,010	9,002,020
59	41	7	部長	配偶者あり	450,000	70,000	30,000	20,000	0	570,000	0	1,081,010	9,002,020

II
こぢんまり人事制度
諸規程・修正の仕方

【図表 2-45】 モデル別賃金

年齢	部長モデル	課長モデル	ステージⅢモデル
18	179,190	179,190	179,190
19	191,223	189,504	187,785
20	208,857	199,819	196,381
21	222,094	215,733	204,976
22	235,331	227,079	220,890
23	274,168	258,425	252,236
24	286,545	269,771	261,691
25	303,923	286,117	276,147
26	316,300	300,794	285,602
27	331,202	316,108	298,166
28	341,104	326,010	305,730
29	354,130	335,912	313,294
30	365,304	344,164	320,101
31	374,244	355,953	326,909
32	384,971	366,680	330,691
33	393,016	377,407	334,473
34	413,930	388,134	343,582
35	423,140	394,839	349,771
36	432,350	399,308	355,959
37	441,560	403,778	360,085
38	448,467	405,178	364,211
39	453,993	405,178	365,980
40	469,519	405,178	365,980
41	479,957	420,000	365,980
42	490,395	429,210	365,980
43	498,224	438,420	365,980
44	503,443	445,328	365,980
45	518,662	452,235	365,980
46	520,000	457,761	365,980
47	520,000	460,000	365,980
48	520,000	460,000	360,980
49	515,000	455,000	360,980
50	525,000	455,000	355,980
51	536,666	455,000	355,980
52	548,332	455,000	355,980
53	552,082	450,000	355,980
54	560,831	450,000	355,980
55	566,664	450,000	355,980
56	570,000	450,000	355,980
57	570,000	450,000	355,980
58	570,000	450,000	355,980
59	570,000	450,000	355,980

【図表 2-46】 モデル別年収

年齢	部長モデル	課長モデル	ステージⅢモデル
18	2,937,393	2,901,393	2,865,393
19	3,108,064	3,047,682	2,987,301
20	3,425,130	3,193,971	3,109,208
21	3,612,868	3,479,456	3,267,116
22	3,800,605	3,640,374	3,552,601
23	4,342,339	4,041,292	3,910,318
24	4,517,885	4,202,210	4,044,417
25	4,753,432	4,423,127	4,238,515
26	4,928,979	4,656,858	4,372,613
27	5,129,416	4,915,347	4,539,892
28	5,269,854	5,055,784	4,647,170
29	5,487,378	5,144,022	4,797,649
30	5,645,857	5,261,053	4,894,199
31	5,835,641	5,576,222	4,947,550
32	5,987,782	5,728,363	5,001,189
33	6,101,887	5,880,503	5,054,829
34	6,414,956	5,969,644	5,252,793
35	6,547,990	6,064,732	5,340,567
36	6,681,023	6,128,123	5,428,340
37	6,814,057	6,191,515	5,486,856
38	6,989,432	6,211,375	5,545,371
39	7,069,253	6,211,375	5,570,467
40	7,323,073	6,211,375	5,570,467
41	7,473,844	6,551,527	5,570,467
42	7,624,616	6,684,560	5,570,467
43	7,737,695	6,817,594	5,622,667
44	7,813,080	6,917,369	5,622,667
45	8,008,466	7,092,745	5,570,467
46	8,027,796	7,172,565	5,570,467
47	8,117,796	7,129,306	5,570,467
48	8,117,796	7,129,306	5,510,467
49	8,057,796	7,069,306	5,510,467
50	8,233,596	7,144,906	5,450,467
51	8,402,105	7,144,906	5,450,467
52	8,570,615	7,144,906	5,450,467
53	8,636,997	7,084,906	5,450,467
54	8,763,379	7,084,906	5,450,467
55	8,953,834	7,084,906	5,450,467
56	9,002,020	7,084,906	5,450,467
57	9,002,020	7,084,906	5,450,467
58	9,002,020	7,084,906	5,450,467
59	9,002,020	7,084,906	5,450,467

（6）　基本給の上限・下限の設定方法

　基本給の上限・下限の幅の設定は次ページ**図表2-47**に示す通り、次のようにして設定します。

① 　最初に決まるのはステージⅠの下限です。これは高卒の初任給にすればよいでしょう。

② 　次に決まるのは最高ステージ（**図表2-47**ではステージⅦ）の上限です。これは、社員としての年収の最高をどの程度にするかを考えて算定します。これから賞与分、諸手当分を差し引いて逆算して、基本給の上限を算定します。役員の年収も参考にする必要があります。

③ 　次に、最高ステージ（**図表2-47**ではステージⅦ）の下限を想定します。最高ステージに到達した社員には、最低でもどのくらいの年収を支払いたいかと考えるのです。これから賞与分、諸手当分を差し引いて逆算して基本給の下限を算定します。

④ 　ステージⅠと最高ステージの下限が決まりましたので、この間のステージの下限は法則性を考えて設定します。

⑤ 　次に、ステージⅠの上限を決めます。ステージⅠの仕事のレベルで最高どのくらいの年収かを想定します。これから賞与分、諸手当分を差し引いて、逆算して基本給の上限を算定します。また、ステージⅠに標準的に何年経験させるか、昇給率をどの程度に想定するか等からも算定・検算して、妥当な額を設定します。ステージⅠの上限・下限の幅は大体60,000円〜80,000円の間になります。

⑥ 　ステージⅠと最高ステージの上限が決まりましたので、この間のステージの上限は法則性を考えて設定します。

【図表2-47】 各ステージ基本給の上限・下限の設定

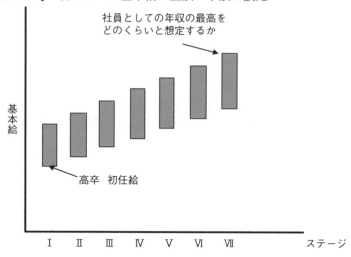

(7) ステージ手当

　昇格したときの基本給は、次ページ**図表2-48**に示すように、昇格後のステージの基本給に同じ額で横滑りして増加しません。ただし、昇格前の基本給が上位ステージの下限より下にある場合は昇格によって上位ステージの下限まで昇給します。

【図表 2-48】 昇格時の基本給

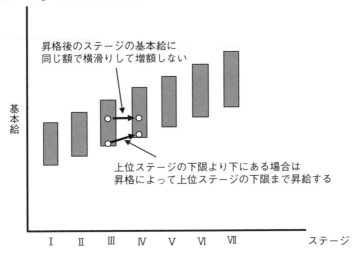

　昇格したとき基本給は増加しませんので、昇格昇給をステージ手当で行うことにします。ステージ手当は**図表 2-49** の通りです。モデル会社ではステージⅠ⇒Ⅳの一般社員層では 5,000 円、ステージⅤ⇒Ⅶの管理職層では 10,000 円の昇格昇給があるように設計しています。ステージⅣ⇒Ⅴのところではステージ手当が大きく増加しますが、これはステージⅤからは管理職となり、時間外手当がつかなくなることに対しての処置です。（※）

※　管理監督者層については第Ⅰ章**2(4)**③ 53 ページを参照してください。

【図表 2-49】 ステージ手当

ステージ	ステージ手当	
Ⅶ	70,000 円	10,000 円
Ⅵ	60,000 円	
Ⅴ	50,000 円	35,000 円
Ⅳ	15,000 円	
Ⅲ	10,000 円	
Ⅱ	5,000 円	5,000 円
Ⅰ	0 円	

（8）　職位手当

　職位手当は職位に対応して支給する手当です。モデル会社のステージと職掌・職位の関係が**図表 2-50** の通りですので、その場合、職位手当は**図表 2-51** のようになります。職位手当は、ステージ手当の額を勘案しながら額を決めるようにします。

【図表 2-50】　ステージと職掌・職位の関係表

ステージ	呼称	一般職			管理職		専門職
		営業職	技術職	事務職	課長	部長	
VII	担当部長					部長	専門職
VI	担当部長				課長	部長	専門職
V	担当課長				課長		専門職
IV	係長	営業職	技術職	事務職			
III	主任						
II							
I							

【図表 2-51】　職位手当

職位	職位手当
部　長	30,000 円
課　長	20,000 円
専門職	10,000 円

(9) その他手当

　その他の手当は会社によって異なります。家族手当、住宅手当、業務手当等です。これら手当は差し迫った変更事由がない限り、現状通りとします。これらの改善に要する時間がかかるためです。

　モデル会社では家族手当があります。現行は**図表 2-52** の通りですが、変更はしないこととします。

【図表 2-52】 家族手当

扶養者	家族手当
なし	0 円
配偶者	20,000 円
子（1 人当たり）	5,000 円
父母および祖父母（1 人当たり）	5,000 円

(10) 賃金組替

　賃金組替については第Ⅰ章で説明していますので、その箇所をご参照ください。

> Ⅰ—2—(4)—⑥　賃金組替（55 〜 56 ページ）

　第Ⅰ章の説明と重複しますが、理解をしやすくするため、もう一度挙げます。

　賃金組替にあたっては、賃金総額は変えないことが原則です。現行30 万円の者は組替後も 30 万円ということにします。もしも賃金が減少する者があるということになれば、新しい人事制度は賃金を減らすために行っていると受け取られ、社員から支持されない恐れが出てきます。

賃金組替は、**図表2-53**のように行います。
　現行の賃金総額からステージ手当、職位手当、家族手当等を差し引いて残額を基本給にします。ステージ手当は本人がどのステージに格付けされるかによって定まっており、職位手当は本人がどの職位に就いているかによって定まっています。家族手当等も給与規程に定める額で定まっています。

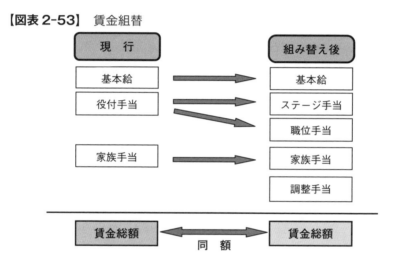

【図表2-53】　賃金組替

　基本給は現行賃金総額から諸手当を差し引いて算出します。その場合、それぞれのステージの基本給の上限・下限の中に収まってくれれば問題はないのですが、上限を上回った者、下限を下回った者が発生することがあります。次ページ**図表2-54**はモデル会社の賃金組換を行った後、基本給をプロットしたものです。上限を上回っている者も、下限を下回った者も発生していません。

【図表2-54】 賃金組替　実在者をプロットしたもの

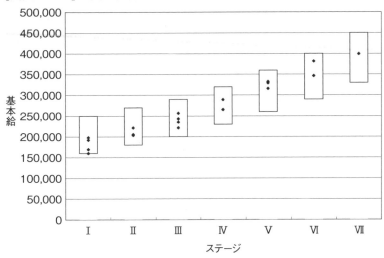

【図表2-55】 調整手当

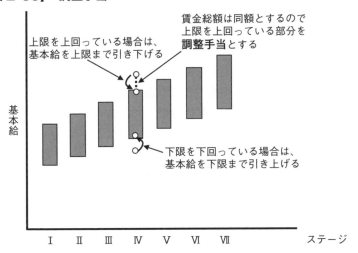

　上限を上回っている場合は、**図表2-55**で示すように、基本給を上限まで引き下げます。ただし、賃金総額は変えないことを原則としていますので、引き下げた額を何か引き当てなければなりません。こ

れが調整手当です。調整手当が発生しているということは、「あなた
の賃金は、今のあなたの仕事のレベルに比べて多いですよ」というこ
とを意味しています。調整手当が発生する者は年功賃金の会社の高齢
者に多く見られます。年功で賃金がどんどん上がるのですが、賃金に
仕事の内容が追いついていないという場合です。調整手当が発生して
いる者は、基本給は上限に張り付いていますので、今後の昇給はゼロ
ということになります。その場合、まったく今後の昇給ゼロというこ
とでなく、本人が努力して昇格すれば、昇給もあり得ることになりま
す。要は本人の努力次第ということになります。

　下限を下回っている場合は、賃金総額は変えないということととすれ
ば、マイナスの調整手当が発生しますが、多くの会社ではマイナス調
整手当を発生させないで、組替え時にマイナス調整手当分だけ賃金を
引き上げています。賃金組替にあたっては、賃金総額は変えないこと
が原則であるとしましたが、下限を下回っている場合だけは例外とな
ります。下限を下回っている者は、若くして仕事ができる者です。仕
事の内容に賃金が追いついていない場合に発生します。

　上限を上回った場合は調整手当が発生しますが、この調整手当をど
のように扱うかが問題となります。仕事のレベルに応じてステージが
あり、ステージに応じて上限・下限の幅を持った基本給があるという
ことから考えれば、賃金は基本給の中で対応するのが筋です。基本給
レンジをはみ出た部分である調整手当は、できる限り速やかにゼロに
するのが妥当です。しかし、本人は調整手当分を含めて賃金として得
ており、これで生活しているのも事実です。そういう点も配慮する必
要があります。その場合、次のような方策が考えられます。

a　償却する（調整手当を減額していく）
　　・何年後に一括して償却する
　　・何年かけて少しずつ償却していく
　　　　例えば　５年均等償却
　　　　　　　　２年据え置き３年均等償却、ただし１年の償却額は
　　　　　　　　１万円を超えないものとする
b　償却しない（調整手当を減額しない）

　bの償却しないというのも１つの方策です。調整手当が発生している者の多くは高齢者であり、10年もすれば定年で退職するでしょう。波風を立てないで、そっと時の過ぎるのを待つというのも１つの方策でしょう。

（11）　サンプル：給与規程の修正

　給与規程は、現在会社にある給与規程をベースに修正していきます。現在会社にある給与規程が不十分で、全面的に書き直しということであれば、サンプル：給与規程をベースに修正していきます。
　修正箇所は次の通りです

第３条（給与の体系）➡賃金項目に変更があれば変更
第９条（基本給）と別表-1➡基本給（基本給の下限・上限の金額）に
　変更があれば変更
第12条（ステージ手当）と別表-2➡ステージ手当（ステージ手当の
　金額）に変更があれば変更
第13条（職位手当）と別表-3➡職位手当（職位手当の金額）に変更
　があれば変更

(12) その他

給与規程について、若干補足説明をしておいたほうがよいと思われるところを説明します。

第 17 条（割増手当）

月 60 時間を超える法定時間外労働については、割増賃金率は 50％以上されていますが、中小企業については当分の間、引上げが猶予され、月 60 時間を超える法定時間外労働の部分についても 25％以上とされています。

【図表 2-56】 適用が猶予される中小企業

業　種	資本金の額または出資の総額		常時使用する労働者の数
小売業	5,000 万円以下	または	50 人以下
サービス業	5,000 万円以下	または	100 人以下
卸売業	1 億円以下	または	100 人以下
その他	3 億円以下	または	300 人以下

こぢんまり人事が対象としている企業は中小企業に当たりますので、多くの企業は月 60 時間を超える法定時間外労働の割増賃金率 50％以上については、適用が猶予されると見てよいと思います。

5 昇給管理規程

(1) サンプル：昇給管理規程

昇給管理規程

第1章 総 則

第1条（目 的）
　　　社員の基本給昇給の運用管理は本規程に基づいて行う。

第2章　基本給の昇給

第2条（昇給計算）
　　　社員の昇給計算は次の通り行う。昇給は毎年7月15日の賃金支給日から行う。昇給実施が遅れる場合は、差額分を遡って支給する。

　昇給額＝基本昇給額×ステージ係数×逓減率×補正比率

　2　基本昇給額は次の通りとする。
　　　　　$Y = 100x - 2{,}000$
　　　　　　Y：基本昇給額
　　　　　　x：人事評価得点
　　上記式により、人事評価得点に対応させて基本昇給額を表示すると次の通りとなる。

人事評価得点	100点	80点	60点	40点	20点
基本昇給額	8,000円	6,000円	4,000円	2,000円	0円

　　　ただし、満年齢29歳以下かつ勤続6年以下の者の昇給額は、以下に示す基本昇給額（この基本昇給額は、毎年、見直しを行うものとする）とし、ステージ係数、逓減率および補正比率による補正は行わない。上記の年齢、勤続の計算は4月1日を基準日とする。

人事評価得点	90点以上	80点以上	70点以上	60点以上	40点以上	40点未満
基本昇給額	7,500円	7,000円	6,500円	6,000円	3,000円	0円

3　ステージ係数は次の通りとする。

ステージ	ステージ係数
Ⅶ	1.9
Ⅵ	1.7
Ⅴ	1.5
Ⅳ	1.3
Ⅲ	1.2
Ⅱ	1.1
Ⅰ	1.0

4　逓減率は次の通りとする。

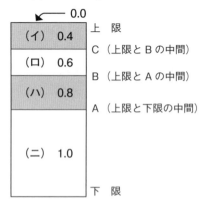

5　次の昇給額の算式で算出された昇給後の基本給が上限額を上回る場合は、昇給は上限額を限度とする。

基本昇給額×ステージ係数×逓減率

6　このようにして算出された昇給額の合計が、予定された昇給額合計と乖離する場合は、予定昇給額に収まるように補正比率を乗じて補正する。
　　補正比率は次のように算出する。

$$補正比率＝\frac{予定昇給額合計}{算出昇給額合計}$$

第3条（中途入社者等の昇給）

　　中途入社者、長期休職者等の昇給は、前年4月1日より当年3月末日までの間の実勤務状況に応じ、原則として次の通り取り扱うこととする。
　（1）　実勤務期間6カ月以上　　第2条算式による算出額を適用する。
　（2）　実勤務期間6カ月未満　　原則として昇給しない。

第4条（実　施）

　　この規程は　　　年　　　月　　　日より実施する。

（2）昇　給

昇給については第Ⅰ章で説明しているのでその箇所をご参照ください。

Ⅰ―2―（5）―②　昇　給（63 ～ 69 ページ）

（3）若年層の昇給

　第Ⅰ章では、昇給をわかりやすく説明するために、「若年層の昇給」を省略して説明しました。ここで「若年層の昇給」について説明します。

　若年層（大体 30 歳以下、勤続年数 10 年以下）の昇給については、初任給が稼ぎ高に比べて低いということもあり、稼ぎ高に追いつくまではしっかり昇給させるという考え方があります。若年層の昇給原資は全体の昇給原資から先取りします。若年層昇給原資を取った残りを若年層以外の者（一般層）の昇給原資とします。若年層の昇給は**図表2-57** に示す通りで、人事評価得点に対する昇給額の格差は、一般層と比べると少なく設定しています。ステージ係数、逓減率および補正比率による調整は行いません。

　「若年層の昇給」を行うか行わないかは、会社の事情によって判断すればよいのではないかと思います。若年層が少ない会社では、わざわざ若年層の昇給を行う必要はありませんし、昇給計算をあまり複雑にしたくない場合も、若年層の昇給は行わないという判断もあり得ます。

　また、若年層の昇給額が一般層の昇給額と乖離が大きいようであれば、多少調整することが必要です。

【図表 2-57】　若年層の昇給

昇給評価得点	90 点 以上	80 点 以上	70 点 以上	60 点 以上	40 点 以上	40 点 未満
基本昇給額	7,500 円	7,000 円	6,500 円	6,000 円	3,000 円	0 円

（4） サンプル：昇給管理規程の修正

　サンプル：昇給管理規程は、若年層の昇給を行う内容になっていますので、行わない場合は第2条の該当箇所を削除します。

　若年層の昇給以外の部分は修正する必要はないでしょう。

6 賞与管理規程

(1) サンプル：賞与管理規程

賞与管理規程

第1条（目　的）
　　社員の賞与の支給に関しては本規程により管理する。

第2条（賞与の支給時期・対象期間および評価時期）
　　賞与の支給時期・出勤率対象期間、評価期間および評価時期は、次の通りとする。

区　分	出勤率　対象期間	評価期間	評価時期
夏季	前年10月1日～当年3月31日	前年4月1日 ～当年3月31日	当年4月
冬季	当年4月1日～当年9月30日		

第3条（賞与の構成）
　　社員の賞与は基本賞与と、業績賞与に区別して計算し支給する。

```
賞与額 ┬ 基本賞与
       └ 業績賞与
```

第4条（賞与の原資および基本賞与と業績賞与の割合）
　　賞与の原資は会社業績に応じて決定する。基本賞与と業績賞与の割合は60％、40％を基本とするが、都度別に定める。

第5条（基本賞与）

基本賞与は、賞与算定基礎額に一定比率を乗じて配分する。
一定比率は次の通り算出する。

一定比率＝1人当たり基本賞与配分原資/平均賞与算定基礎額
賞与算定基礎額＝基本給＋ステージ手当＋職位手当

第6条（業績賞与）

業績賞与は、人事評価に基づいて次の通り配分する。

(1)　業績賞与平均に各人のステージと人事評価得点に基づく【別表-1】（注：169ページ）の業績賞与指数を乗じて粗業績賞与を算出する。

(2)　(1)より算出した粗業績賞与の全社員合計額が計画した業績賞与原資と乖離する場合は、算出の粗業績賞与配全社員合計額と業績賞与原資との比率（補正比率）を求め、各人の粗業績賞与にその比率（補正比率）を乗じることとする。

第7条（個人支給額）

賞与の個人支給額は次の算式による。

個人賞与支給額＝賞与算出額×対象期間出勤率

第8条（出勤率）

対象期間出勤率は次の算式により算出する。

$$出勤率＝\frac{出勤すべき日数－欠勤日数}{出勤すべき日数}$$

有給休暇・慶弔休暇は出勤したものとみなし、遅刻および早退は2回で1日欠勤（遅刻および早退回数が奇数の場合は1回を差し引く）したものとして取り扱う。

第9条（中途採用者等に対する措置）

支給対象期間内の実勤務期間が3カ月未満のものについては、この規程による賞与は支給しない。ただし、別に一時金として一定額を支給する場合がある。

2　新入社員についての当該年度の夏季賞与および冬季賞与は別に定める基準に基づいて支給する。

第10条（対象からの除外）

支給日現在在籍していない者には、賞与は、これを支給しない。

第11条（実　施）

この規程は、　　年　　月　　日より実施する。

【別表-1】 業績賞与指数

χを人事評価得点とした場合の業績賞与指数

ステージ	60 点以上	60 点以下
ステージⅦ	0.036875 χ + 0.7375	0.0553125 χ − 0.36875
ステージⅥ	0.031250 χ + 0.6250	0.0468750 χ − 0.31250
ステージⅤ	0.026250 χ + 0.5250	0.0393750 χ − 0.26250
ステージⅣ	0.021875 χ + 0.4375	0.0328125 χ − 0.21875
ステージⅢ	0.018125 χ + 0.3625	0.0271875 χ − 0.18125
ステージⅡ	0.015000 χ + 0.3000	0.0225000 χ − 0.15000
ステージⅠ	0.012500 χ + 0.2500	0.0187500 χ − 0.12500

［参考］業績賞与指数の例示

ステージ	100 点	90 点	80 点	70 点	60 点	50 点	40 点	30 点	20 点
ステージⅦ	4.4250	4.0563	3.6875	3.3188	2.9500	2.5813	2.2125	1.8438	0.7375
ステージⅥ	3.7500	3.4375	3.1250	2.8125	2.5000	2.1875	1.8750	1.5625	0.6250
ステージⅤ	3.1500	2.8875	2.6250	2.3625	2.1000	1.8375	1.5750	1.3125	0.5250
ステージⅣ	2.6250	2.4063	2.1875	1.9688	1.7500	1.5313	1.3125	1.0938	0.4375
ステージⅢ	2.1750	1.9938	1.8125	1.6313	1.4500	1.2688	1.0875	0.9063	0.3625
ステージⅡ	1.8000	1.6500	1.5000	1.3500	1.2000	1.0500	0.9000	0.7500	0.3000
ステージⅠ	1.5000	1.3750	1.2500	1.1250	1.0000	0.8750	0.7500	0.6250	0.2500

(2) 賞　与

　賞与については第Ⅰ章で説明していますので、その箇所をご参照ください。

Ⅰ—2—(5)—③　賞　与（69 ～ 77 ページ）

---

(3) サンプル：賞与管理規程の修正

　サンプル：賞与管理規程で修正を検討する箇所は次の通りです。

① 第 2 条（賞与の支給時期・対象期間および評価時期）

　人事評価の期間は決算期に対応します。モデル会社の決算期は 3 月ですので、前年 4 月 1 日～当年 3 月 31 日となっています。12 月が決算期の会社の場合は当年 1 月 1 日～当年 12 月 31 になると思われます。

② 別表-1　業績賞与指数

　業績賞与指数をステージ間、または人事評価得点間で変更することもできます。

　例えば、「もう少しステージ間の格差を大きくしたい」「もう少し人事評価得点間の格差を大きくしたい」というときです。

III

こぢんまり人事制度・構築の仕方

人事制度をどのように構築するかを説明します。「こぢんまり」ですから、構築に当たる人数も「こぢんまり」、構築プロジェクト回数も「こぢんまり」です。もちろん人事制度の内容も第I章、第II章に示すように「こぢんまり」です。

1 プロジェクトチームの組成

　人事制度再構築プロジェクトは、原則、次の3者でプロジェクトチームを組成して行います。

(1) 経営トップ

　人事制度再構築の発案者は、経営トップであることが多いと思います。どのような人事制度を構築するか、思い入れもあると思います。経営トップは必ずプロジェクトに入り、人事制度への思いを語るとともに、決断しなければならないときに決断する役割となります。また、必要に応じて、次の経営者(社長の息子等)を加えることも検討します。

(2) 人事部門責任者

　人事部門責任者は、人事を担当する組織の責任者という意味です。人事部長、人事課長あるいは人事部、人事課が設置されていない場合は、人事担当者を想定しています。

　人事部長等人事部門責任者は、この人事制度を運用する者であり、内容をよく理解していることが必要です。この人事制度の信奉者になり、積極的に支えていくことが必要です。

　人事部門責任者は、人事制度再構築プロジェクトの事務局となり、プロジェクトで配付する資料の人数分コピー、プロジェクト会場の準備（パソコン、プロジェクター、ホワイトボード等の設営）を行います。

人事部門責任者の力量は千差万別です。人事関連知識がコンサルタント並みの人もいれば、素人並みの人もいます。コンサルタント並みの知識と力量を持っている場合は、本書を読んで、「これなら自分たちでできる」と思えば、コンサルタントなしで行ってもよいと思います。

　本書が想定している人事部門責任者の力量は、「そこそこ人事の経験はあるが、人事制度に関する知識はあまり深く持っていない」ような人です。今まで人事制度を構築した経験もなければ、独力で構築する自信もないような人です。コンサルタントの指導を受ければ、構築できるのではないかと考えているような人です。

(3)　コンサルタント

　コンサルタントは、人事コンサルタントまたは社会保険労務士を想定しています。人事コンサルタントは、これまで何社か人事制度再構築の経験がある人、社会保険労務士は人事コンサルティングに強い関心がある人です。

　コンサルタントは、本書の第Ⅰ章「こぢんまり人事制度の概要」、第Ⅱ章「こぢんまり人事制度諸規程・修正の仕方」に書かれているこぢんまり人事制度の内容や考え方をよく理解し、納得していることが必要です。

　コンサルタントは人事制度再構築の推進役であり、調整役であり、事務方役です。

　推進役としては、人事制度再構築プロジェクトのスケジュール表を作成し、スケジュール通り進行させ、最終的には人事制度再構築が完了するように導きます。

　調整役としては、経営トップの思いをよく汲み取り、新人事制度にできる限り反映させること、プロジェクトメンバーの中の意見の違いを１つの方向に調整することが、その役割として求められます。

事務方役としては、具体的事務作業を担当し、人事制度をまとめ上げることが役割として求められます。具体的には、現行人事制度の分析、新人事制度の概要、新人事制度諸規程、役割能力要件表のたたき台を作成することです。Word での規程等作成、Power Point での新人事制度の概要作成、Excel でのシミュレーションがありますので、Word、Power Point、Excel の知識技能が必要ですし、高い事務処理能力が要求されます。

2 人事制度再構築プロジェクトの進行

　人事制度再構築プロジェクトの進行は**図表 3-1** の通りです。再構築の期間は6カ月です。このプロジェクトの進行に従って説明します。

【図表 3-1】　人事制度再構築プロジェクトの進行

項　目	1月	2月	3月	4月	5月	6月	7月	8月
人事制度再構築プロジェクトに入る前の準備	⇒	⇒						
現行人事制度の分析	→→							
新人事制度の概要（Power Point）の作成	→→							
新人事制度諸規程・役割能力要件表（たたき台）の作成	→→							
シミュレーション	→→							
人事制度再構築の基本的方向について打ち合わせ		⇒						
人事制度再構築プロジェクト			⇒	⇒	⇒			
第1回			→					
第2回				→				
第3回				→				
第4回					→			
第5回					→			
人事制度諸規程の修正			→→	→	→			
役割能力要件表の修正			→→	→	→			
新人事制度の概要（Power Point）の修正					→			
現人事制度と新人事制度の主な変更点作成					→			
シミュレーション					→			
新人事制度の導入準備					⇒	⇒		
用紙の準備					→			
運用ソフトの準備					→			
説明会						→		
各種研修						→→		
新人事制度実施							⇒	⇒

Ⅲ

こぢんまり人事制度・構築の仕方

人事制度再構築プロジェクトは5回行いますが、スケジュールは**図表3-2**の通りです。コンサルタントが作成します。

【**図表3-2**】　人事制度再構築プロジェクト・スケジュール表

回	月　日 （　）	プロジェクト当日の作業	宿　題
0			【コンサルタント】 ・現行人事制度の分析 ・新人事制度の概要（Power Point） ・新人事制度諸規程（たたき台） 　・ステージ制度運用規程 　・人事評価制度運用規程 　・給与規程 　・昇給管理規程 　・賞与管理規程
1	月　日 （　）	【説　明】 ・人事制度再構築プロジェクト・スケジュール表を示し全日程を決める ・「現行人事制度の分析」の説明 ・「新人事制度の概要」をPower Point で説明 ・新人事制度諸規程（たたき台）の一通りの説明	【経営トップ・人事責任者】 ・新人事制度諸規程（たたき台）を熟読し、疑問点、質問点を書き留める ・本書『小さな会社のための"こぢんまり"人事・賃金制度のつくり方』を熟読する 【コンサルタント】 ・役割能力要件表（たたき台） ・期待される役割マトリックス表 ・必要とされる知識技能マトリックス表 ・必要とされる知識技能の具体的内容を作成する

回	月　日 （　）	プロジェクト当日の作業	宿　題
2	月　日 （　）	【説明・討議】 ・新人事制度諸規程の疑問点、質問点について質疑 ・ステージ制度運用規程 　・ステージと職掌・職位の関係表の検討 ・役割能力要件表の説明 　・期待される役割マトリックス表の説明 　・必要とされる知識技能マトリックス表の説明 　・必要とされる知識技能の具体的内容の説明 【説　明】 ・人事評価制度運用規程 ・人事評価項目とウェイトの設定方法 ・評価項目の意味の解説	【経営トップ・人事責任者】 ・期待される役割マトリックス表の修正 ・必要とされる知識技能マトリックス表の修正 ・必要とされる知識技能の具体的内容の修正 ・人事評価項目とウェイト表を作成する 【コンサルタント】 ・ステージと職掌・職位の関係表の清書
3	月　日 （　）	【討　議】 ・期待される役割・マトリックス表（修正後） ・必要とされる知識技能・マトリックス表（修正後） ・必要とされる知識技能の具体的内容（修正後） 【発表・討議】 ・人事評価項目とウェイト表 ・ステージ制度運用規程 　・ステージ呼称 　・昇格・降格 　・移行格付け 【説明・討議】 ・給与規程 ・昇給管理規程 ・賞与管理規程	【コンサルタント】 ・「期待される役割・マトリックス表」「必要とされる知識技能・マトリックス表」「必要とされる知識技能の具体的内容」を「役割能力要件表」の書式にまとめる ・賃金組替シミュレーション ・昇給シミュレーション ・賞与シミュレーション

Ⅲ　こぢんまり人事制度・構築の仕方

回	月　日 （　）	プロジェクト当日の作業	宿　題
4	月　日 （　）	【確　認】 ・「役割能力要件表」の書式に 　まとめたものを確認 ・人事評価項目とウェイト表を 　確認 【説明・討議】 ・シミュレーション 　・賃金組替シミュレーション 　・昇給シミュレーション 　・賞与シミュレーション ・給与規程 　・基本給の上限・下限 　・ステージ手当の額 　・職位手当の額 　・その他手当 　・調整手当の処理の仕方 ・昇給管理規程 ・賞与管理規程	【コンサルタント】 ・新人事制度諸規程の最終的ま 　とめ ・新人事制度の概要の修正 ・現人事制度と新人事制度の主 　な変更点 ・新人事制度導入・定着化の作 　成
5	月　日 （　）	【説明・確認】 ・新人事制度諸規程の確認 　・ステージ制度運用規程 　・人事評価制度運用規程 　・給与規程 　・昇給管理規程 　・賞与管理規程 【説明・確認】 ・新人事制度の概要 ・現行人事制度と新人事制度の 　主な変更点 【説　明】 ・新人事制度導入・定着化	

3

人事制度再構築プロジェクトに入る前の準備

（1）　現行人事制度の分析

　現行人事制度の分析はコンサルタントが行います。やり方は次の通りです。

①　就業規則を提出してもらい、一通り目を通します。

②　**図表 3-3** に示すような項目の給与一覧を作成します。

【図表 3-3】　社員給与一覧

| 番号 | 社員名 | 男女 | 年齢 | 勤続 | 賃　金 | | | | 時間外 | 昇給 | 賞　与 | | 年　収 |
					基本給			計			夏季	冬季	

③　人事諸規程（等級規程、評価規程等）がある会社は、人事諸規程を提出してもらい分析します。「現行人事制度の分析」という題名で書面にしてまとめるとよいと思います。その場合、現行人事制度の問題点だけを指摘するというのではなく、現行人事制度の内容を詳細に書き写しておくことが重要です。人事制度の規程やデータはバラバラにあることが多く、この「現行人事制度の分析」にまとめておくと、人事制度再構築プロジェクトのステップになったとき、必要なデータや資料をすぐ見ることができるため、便利です。

④　人事諸規程（等級制度運用規程、評価制度運用規程等）が整っていない会社は、分析するまでもありません。

Ⅲ

こぢんまり人事制度・構築の仕方

179

（2） 新人事制度の概要（Power Point）の作成

人事制度を再構築する場合、最初に行うことは、どのような人事制度にするか基本構想を固めることです。この場合は「こぢんまり人事制度」を構築するのですから、基本構想は明確です。コンサルタントは第Ⅰ章「こぢんまり人事制度の概要」をよく読み込み、説明用のPower Point画像等を作成してください。

（3） 新人事制度諸規程・役割能力要件表（たたき台）の作成

コンサルタントが新人事制度諸規程（たたき台）・役割能力要件表（たたき台）を作成します。「こぢんまり人事制度」を構築するのですから、第Ⅱ章に示したサンプル人事諸規程と役割能力要件表をベースにすればよいでしょう。

（4） シミュレーション

コンサルタントは、新人事制度諸規程（たたき台）作成と並行して賃金組替、昇給、賞与のシミュレーションを行います。基本給の額（上限・下限）は問題ないか、昇給の額、賞与の額は現行とどのくらい違うか、問題はないかを把握します。問題があれば軌道修正して問題を事前につぶしておきます。

4 人事制度再構築プロジェクト 各回で行うこと

(1) 第1回までに行うこと

【コンサルタントが行うこと】

次の資料を作成し、事務局（※）に渡しておく。
- 人事制度再構築プロジェクト・スケジュール表（**図表 3-2**）
- 「現行人事制度の分析（179 ページ）」
- 「新人事制度の概要（Power Point）（180 ページ）」
- 新人事制度諸規程（たたき台）
  - ・ステージ制度運用規程
  - ・人事評価制度運用規程
  - ・給与規程
  - ・昇給管理規程
  - ・賞与管理規程

【事務局が行うこと】

① 次の資料を人数分コピーして配付する。
  - ・人事制度再構築プロジェクト・スケジュール表（**図表 3-2**）
  - ・「現行人事制度の分析」（179 ページ）
  - ・「新人事制度の概要（Power Point）（180 ページ）」
  - ・新人事制度諸規程（たたき台）

②　第1回プロジェクトでプロジェクトの全日程を決めるため、会社の年間スケジュール表を用意する。
　③　会場の準備──以降同じ
　　・パソコン
　　・プロジェクター
　　・ホワイトボード

※　事務局は人事部門責任者

(2)　第1回プロジェクトで行うこと

【コンサルタントが行うこと】

①　人事制度再構築プロジェクト・スケジュール表を示し、全日程を設定する。
　　決めた日程はよほどのことがない限り出席することを約束します。
　　プロジェクトの開催時間は、基本的には終日（10：00～17：00）とします。経営トップの時間が確保できない場合は、13：00～17：00でも可能です。説明や討議する時間をたっぷり確保したほうがよいと思います。

②　「現行人事制度の分析」に基づき現行人事制度の概要と問題点を説明する。

③ 「新人事制度の概要」を Power Point 映像で説明する。

　新人事制度諸規程（たたき台）を説明する前に、「新人事制度の概要」を Power Point で説明したほうが、新人事制度の基本的考え方や内容がよく理解できるためです。

　新人事制度をどのような内容の人事制度にするかは、人事制度再構築プロジェクトが始まる前に、経営トップとコンサルタントの間で話し合われていると思われます。その時点で、すでに「新人事制度の概要」の説明が終わっていれば、この説明は省略して構いません。

⇩

④　新人事制度諸規程（たたき台）を一通り説明する。質問があれば答える。

(3) 第2回までに行うこと

【経営トップ、人事部門責任者が行うこと】

① 新人事制度諸規程（たたき台）を熟読する。
　疑問点、質問点をまとめておく。
② 本書「小さな会社のための"こぢんまり"人事・賃金制度のつくり方」を熟読する。

【コンサルタントが行うこと】

次の資料を作成し、事務局に渡しておく。
・役割能力要件表（たたき台）
・「期待される役割マトリックス表」（たたき台）
・「必要とされる知識技能マトリックス表」（たたき台）
・「必要とされる知識技能の具体的内容」（たたき台）
・議事録（※）

【事務局が行うこと】

次の資料を人数分コピーして配付する。
・役割能力要件表（たたき台）
・「期待される役割マトリックス表」（たたき台）
・「必要とされる知識技能マトリックス表」（たたき台）
・「必要とされる知識技能の具体的内容」（たたき台）
・議事録

※　プロジェクトの議事録は必ず作成します。議事録はコンサルタントが作成します。

議事録を書くうえでの留意事項は次の通りです。
・プロジェクトが終了したら3営業日以内に作成し、事務局に提出する。
・事務局でプリントアウトしプロジェクトメンバーに配付する。
・議事録に絶対に記載しなければならないことは「決定事項」「宿題」で、議論の内容は簡潔に書く。
・プロジェクトメンバーは議事録を受け取ったらよく読んで、次回のプロジェクトに必ず持参する。

(4) 第2回プロジェクトで行うこと

① 前回議事録の確認は、毎回必ず行う。プロジェクトメンバーは前回議事録を必ず持参することが必要。

② 宿題であった新人事制度諸規程の疑問点、質問点があれば質疑を行う。

③ ステージ制度運用規程の「ステージと職掌・職位の関係表（図表2-1　87ページ）」を検討する。

「ステージと職掌・職位の関係表」は役割能力要件表のステージ・職掌・職位のベースになるもので、これが決まらないと役割能力要件表が作成できません。特に、一般職はステージのどの階層までにするか、管理職・専門職はどのステージに対応させるか、部長、課長といった職位はどのステージに対応させるかを決めることが必要です。サンプルで示したもので異論がなければ、サンプル通りとします。

④ 役割能力要件表を検討する。

役割能力要件表は、マトリックス表にすれば、ステージが上がるごとにどのように高度になっているかがよくわかるため、検討しやすくなります。

役割能力要件表の検討は次のマトリックス表で検討します。

・期待される役割マトリックス表

・必要とされる知識技能マトリックス表
・必要とされる知識技能の具体的内容

⑤ コンサルタントは、人事評価制度運用規程、人事評価項目とウェイトの設定方法を説明する。

　人事評価制度運用規程の中で特に検討が必要な「人事評価項目とウェイト(**図表 2-21**　124 ページ)」を固めることが必要です。人事評価項目とウェイト表作成は、次回までの宿題となっています。成果とは、「期待される役割」をいかに果たしたかということであり、期待される役割は役割能力要件表にあること、人事評価項目とウェイトを設定するにあたってはこの関係をよく考えて行うことが必要であることを説明します。

⑥ コンサルタントは、評価項目の意味を解説する。

　人事評価項目とウェイトを設定するにあたっては、人事評価項目の意味をよく知ることが必要です。人事評価項目の意味を詳しく説明します。

(5) 第3回までに行うこと

【経営トップ、人事部門責任者が行うこと】

① 期待される役割マトリックス表を修正をする。

② 必要とされる知識技能マトリックス表を修正する。

③ 必要とされる知識技能の具体的内容を修正する。

④ 人事評価項目とウェイト表を作成する。

【コンサルタントが行うこと】

次の資料を作成し、事務局に渡しておく。

・ステージと職掌・職位の関係表の清書

・議事録

【事務局が行うこと】

次の資料を人数分コピーして配付する。

・期待される役割マトリックス表（修正後）

・必要とされる知識技能マトリックス表（修正後）

・必要とされる知識技能の具体的内容（修正後）

・人事評価項目とウェイト表

・議事録

(6) 第3回プロジェクトで行うこと

① 前回議事録を確認する。

② 次の役割能力要件マトリックス表を討議してまとめる。
・期待される役割マトリックス表（修正後）
・必要とされる知識技能マトリックス表（修正後）
・必要とされる知識技能の具体的内容（修正後）

③ 人事評価項目とウェイト表を討議してまとめる。

④ ステージ制度運用規程の次の項目について討議する。
・ステージ呼称
・昇格・降格
・移行格付け

⑤ コンサルタントは、次の規程を説明する。
・給与規程
・昇給管理規程
・賞与管理規程
・退職金規程

（7） 第４回までに行うこと

【コンサルタントが行うこと】

① 役割能力要件表を完成する。
- ・期待される役割マトリックス表
- ・必要とされる知識技能マトリックス表
- ・必要とされる知識技能の具体的内容

を「役割能力要件表」の書式にまとめ、事務局に渡しておく

② 人事評価項目とウェイト表を清書し、事務局に渡しておく。

③ 次のシミュレーションを行い、問題がないか検討する。シミュレーションした結果は USB に保存して、第４回プロジェクトに持参する。
- ・賃金組替シミュレーション
- ・昇給シミュレーション
- ・賞与シミュレーション

④ 議事録をとる。

【事務局が行うこと】

① 次の資料を人数分コピーして配付する。
- ・役割能力要件表
- ・人事評価項目とウェイト表
- ・議事録

② 第４回プロジェクトでシミュレーションの結果をプロジェクターで映写して検討するため、会場にパソコン、プロジェクターを準備する。

(8) 第4回プロジェクトで行うこと

① 前回議事録を確認する。

② マトリックス表を「役割能力要件表」の書式にまとめたものを確認する。

③ 人事評価項目とウェイト表を確認する。

④ 次のシミュレーションをプロジェクターで映写し、討議する。
　・賃金組替シミュレーション
　・昇給シミュレーション
　・賞与シミュレーション

⑤ 給与規程の次の項目を討議する。
　・基本給の上限・下限
　・ステージ手当の額
　・職位手当の額
　・その他手当
　・調整手当の処理の仕方

⑥　昇給管理規程を討議する。

⇩

⑦　賞与管理規程を討議する。

（9）　第5回までに行うこと

【コンサルタントが行うこと】

① 新人事制度諸規程の最終的まとめ

　第4回で新人事制度諸規程の検討が終わり、最終的まとめをする。

　検討が完了し、修正も完了した新人事制度諸規程は事務局に渡しておく。

② 新人事制度の概要（Power Point）も人事制度諸規程の修正に対応して修正し、事務局に渡しておく。

③ 現行人事制度と新人事制度の主な変更点を作成する。

　社員説明会をすると「結局どこが変わったのですか」という質問が出る。そのため、次の様式の「現人事制度と新人事制度の主な変更点」を作成する。

【図表3-4】　現行人事制度と新人事制度の主な変更点

番号	項　目	現　行	新
1			
2			
3			

④　新人事制度導入・定着化の内容とスケジュールを作成する。

　　新人事制度の導入・定着化が次の課題になる。社員への説明会、評価者研修等、新人事制度導入・定着化の内容・スケジュールを作成する。

⑤　議事録をとる。

【事務局が行うこと】

①　次の資料を人数分コピーして配付する。

・新人事制度諸規程

・新人事制度の概要（Power Point）

・現行人事制度と新人事制度の主な変更点

・議事録

(10) 第5回プロジェクトで行うこと

① 前回議事録を確認する。

② 新人事制度諸規程を確認する
・ステージ制度運用規程
・人事評価制度運用規程
・給与規程
・昇給管理規程
・賞与管理規程

③ 新人事制度の概要（Power Point）を確認する。

④ 現人事制度と新人事制度の主な変更点を確認する。

⑤ 新人事制度導入・定着化の内容とスケジュールを説明する。

5 シミュレーション

　人事制度再構築にあたり、賃金制度をどうするか、基本給や手当の額をどのように設定するか、現行のやり方と比べて問題はないかを事前にシミュレーションして問題を把握し、問題をつぶしておくことが重要です。

　シミュレーションは人事制度再構築プロジェクトに入る前の準備の段階で、新人事制度諸規程（たたき台）作成と並行して行います。また、人事制度再構築プロジェクトの終盤、新人事制度諸規程作成が完了する前に行います。

（1）　賃金組替シミュレーション

　賃金組替シミュレーションは、**図表 3-5** の通りです。現行賃金合計と組替後賃金合計が同額になっていることを確認します。基本給は上限・下限のレンジに収まっているのを確認します。調整手当が発生しているかどうかにも注目します。197 ページ**図表 3-10** は基本給のレンジと社員基本給をプロットしたものです。すべて基本給レンジの中に収まっており、調整手当が発生する者はいません。

【図表 3-5】 賃金組替シミュレーション

社員名	現等級	ステージ	職位	現行賃金					組替後賃金					
				年齢給	職能給	資格手当	家族手当	合計	基本給	ステージ手当	職位手当	家族手当	調整手当	合計
AA	7	7	部長	52,000	357,000	90,000	16,500	515,500	399,000	70,000	30,000	16,500	0	515,500
AB	6	6	部長	49,000	332,000	90,000	16,500	487,500	381,000	60,000	30,000	16,500	0	487,500
AD	6	6	課長	52,300	304,000	70,000	15,000	441,300	346,300	60,000	20,000	15,000	0	441,300
AH	5	5	課長	52,300	300,000	50,000	15,000	417,300	332,300	50,000	20,000	15,000	0	417,300
AK	5	5	課長	48,500	300,000	50,000	15,000	413,500	328,500	50,000	20,000	15,000	0	413,500
AI	5	5	課長	45,400	290,000	50,000	15,000	400,400	315,400	50,000	20,000	15,000	0	400,400
AX	4	4	一般	39,000	250,000	15,000	15,000	319,000	289,000	15,000	0	15,000	0	319,000
BD	4	4	一般	35,100	230,000	15,000	15,000	295,100	265,100	15,000	0	15,000	0	295,100
BE	3	3	一般	48,000	212,500	6,000	8,000	274,500	256,500	10,000	0	8,000	0	274,500
BT	3	3	一般	33,700	191,500	6,000	8,000	239,200	221,200	10,000	0	8,000	0	239,200
BU	3	3	一般	37,800	201,000	6,000	8,000	252,800	234,800	10,000	0	8,000	0	252,800
CT	3	3	一般	52,300	195,000	6,000	8,000	261,300	243,300	10,000	0	8,000	0	261,300
DW	2	2	一般	32,300	175,000	3,000	0	210,300	205,300	5,000	0	0	0	210,300
DX	2	2	一般	35,100	170,000	3,000	0	208,100	203,100	5,000	0	0	0	208,100
DY	2	2	一般	39,000	184,000	3,000	0	226,000	221,000	5,000	0	0	0	226,000
EA	2	2	一般	27,000	180,000	3,000	0	210,000	205,000	5,000	0	0	0	210,000
FO	1	1	一般	23,000	175,000	0	0	198,000	198,000	0	0	0	0	198,000
FS	1	1	一般	24,000	168,000	0	0	192,000	192,000	0	0	0	0	192,000
FX	1	1	一般	22,000	147,000	0	0	169,000	169,000	0	0	0	0	169,000
GA	1	1	一般	22,000	138,000	0	0	160,000	160,000	0	0	0	0	160,000

　賃金項目の額は、「第Ⅱ章　**4** 給与規程」（141〜142 ページ）にありますが、再掲すれば次の通りです（196 ページ**図表 3-6**〜**図表 3-9**）。

【図表 3-6】 基本給

ステージ	下　限	上　限
ステージⅦ	330,000 円	450,000 円
ステージⅥ	290,000 円	400,000 円
ステージⅤ	260,000 円	360,000 円
ステージⅣ	230,000 円	320,000 円
ステージⅢ	200,000 円	290,000 円
ステージⅡ	180,000 円	270,000 円
ステージⅠ	160,000 円	250,000 円

【図表 3-7】 ステージ手当

ステージ	ステージ手当	
Ⅶ	70,000 円	⟩ 10,000 円
Ⅵ	60,000 円	
Ⅴ	50,000 円	⟩ 35,000 円
Ⅳ	15,000 円	
Ⅲ	10,000 円	
Ⅱ	5,000 円	⟩ 5,000 円
Ⅰ	0 円	

【図表 3-8】 職位手当

職　位	職位手当
部　長	30,000 円
課　長	20,000 円
専門職	10,000 円

【図表 3-9】 家族手当

扶養者	家族手当
なし	0 円
配偶者	20,000 円
子（1 人当たり）	5,000 円
父母および祖父母（1 人当たり）	5,000 円

【図表 3-10】 基本給レンジと社員基本給プロット

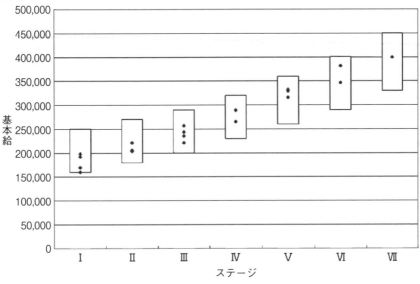

(2) 昇給シミュレーション

昇給シミュレーションは、次ページ**図表 3-12**の通りです。基本給は賃金表を使いません。上限・下限のレンジの中で**図表 3-11**に示す昇給計算式で昇給を行います。

【図表 3-11】 基本給の昇給

昇給額 ＝ 基本昇給額 × ステージ係数 × 逓減率 × 補正比率

【図表3-12】 昇給シミュレーション

平均昇給額	昇給原資	補正比率
7,000	140,000	1.535

社員名	年齢	勤続	ステージ	人事評価	基本給	基本昇給額	ステージ係数	逓減率	補正前昇給額	補正後昇給額	昇給後基本給
AA	54	7	7	60	399,000	4,000	1.9000	0.80	6,080	9,333	408,333
AB	47	25	6	60	381,000	4,000	1.7000	0.60	4,080	6,263	387,263
AD	57	28	6	60	346,300	4,000	1.7000	0.80	5,440	8,351	354,651
AH	57	3	5	60	332,300	4,000	1.5000	0.80	4,800	7,368	339,668
AK	46	5	5	60	328,500	4,000	1.5000	0.80	4,800	7,368	335,868
AI	41	5	5	60	315,400	4,000	1.5000	0.80	4,800	7,368	322,768
AX	34	11	4	60	289,000	4,000	1.3000	0.80	4,160	6,386	295,386
BD	31	8	4	60	265,100	4,000	1.3000	1.00	5,200	7,982	273,082
BE	45	27	3	60	256,500	4,000	1.2000	0.80	3,840	5,895	262,395
BT	30	7	3	60	221,200	4,000	1.2000	1.00	4,800	7,368	228,568
BU	33	13	3	60	234,800	4,000	1.2000	1.00	4,800	7,368	242,168
CT	56	18	3	60	243,300	4,000	1.2000	1.00	4,800	7,368	250,668
DW	29	11	2	60	205,300	4,000	1.1000	1.00	4,400	6,754	212,054
DX	31	13	2	60	203,100	4,000	1.1000	1.00	4,400	6,754	209,854
DY	34	17	2	60	221,000	4,000	1.1000	1.00	4,400	6,754	227,754
EA	25	3	2	60	205,000	4,000	1.1000	1.00	4,400	6,754	211,754
FO	21	1	1	60	198,000	4,000	1.0000	1.00	4,000	6,140	204,140
FS	22	0	1	60	192,000	4,000	1.0000	1.00	4,000	6,140	198,140
FX	20	0	1	60	169,000	4,000	1.0000	1.00	4,000	6,140	175,140
GA	20	0	1	60	160,000	4,000	1.0000	1.00	4,000	6,140	166,140

(3) 賞与シミュレーション

賞与シミュレーションは、次ページ**図表3-14**の通りです。賞与は**図表3-13**に示す通り、基本賞与と業績賞与で構成されます。

【図表3-13】 賞与の構成

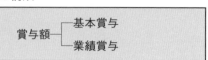

【図表 3-14】 賞与シミュレーション

	平　均	総　額
平均賞与支給額	500,000 円	10,000,000 円
基本賞与	60.0 ％	
業績賞与	40.0 ％	
基本賞与	300,000 円	6,000,000 円
業績賞与	200,000 円	4,000,000 円
補正比率	0.550	
賞与支給率	1.698 カ月	
賞与算定基礎額	294,540 円	
対象社員数	20 人	

氏　名	ステージ	人事評価	賞与算定基礎額	基本賞与	業績賞与配分指数	補正後指数	補正後業績賞与	合　計
AA	7	70	515,500	525,056	3.319	1.824	364,760	889,816
AB	6	70	487,500	496,537	2.813	1.546	309,119	805,656
AD	6	70	441,300	449,481	2.813	1.546	309,119	758,600
AH	5	70	417,300	425,036	2.363	1.298	259,660	684,696
AK	5	70	413,500	421,165	2.363	1.298	259,660	680,825
AI	5	70	400,400	407,822	2.363	1.298	259,660	667,482
AX	4	70	319,000	324,913	1.969	1.082	216,383	541,297
BD	4	70	295,100	300,570	1.969	1.082	216,383	516,954
BE	3	70	274,500	279,589	1.631	0.896	179,289	458,878
BT	3	70	239,200	243,634	1.631	0.896	179,289	422,923
BU	3	70	252,800	257,486	1.631	0.896	179,289	436,775
CT	3	70	261,300	266,144	1.631	0.896	179,289	445,433
DW	2	70	210,300	214,198	1.350	0.742	148,377	362,576
DX	2	70	208,100	211,958	1.350	0.742	148,377	360,335
DY	2	70	226,000	230,189	1.350	0.742	148,377	378,567
EA	2	70	210,000	213,893	1.350	0.742	148,377	362,270
FO	1	70	198,000	201,670	1.125	0.618	123,648	325,318
FS	1	70	192,000	195,559	1.125	0.618	123,648	319,207
FX	1	70	169,000	172,133	1.125	0.618	123,648	295,780
GA	1	70	160,000	162,966	1.125	0.618	123,648	286,614

6 新人事制度導入・定着化

　新人事制度の構築ができたら、導入・定着化に入ります。人事制度は運用できることが重要です。導入・定着化にあたって押さえておくべき次のことについて解説します。

> （1）説明会用資料の作成
> （2）書式の準備
> （3）運用ソフトの準備
> （4）説明会
> （5）各種研修

（1）　説明会用資料の作成

　説明会は、人事制度諸規程を配付して行ってもよいのですが、表現が硬い、細か過ぎる、基本的考え方の説明がない、全体との関連がわかりづらい等の問題もありますので、「新人事制度の概要」という題の小冊子を作成するとよいでしょう。これで説明すればわかりやすいと思います。この小冊子は、第Ⅰ章「こぢんまり人事制度の概要」をベースに作成します。盛り込む内容は大体次のようになります。

> ①　**図表 1-1**（17 ページ）「こぢんまり人事制度」の概念図
> 　　　　　　⇒新人事制度の概念図
> ②　**図表 1-2**（20 ページ）モデル会社の人事評価項目とウェイト
> 　　　　　　⇒人事評価項目とウェイト
> ③　**図表 1-5**（22 ページ）こぢんまり人事制度の評価と処遇の関係

⇨人事評価と昇給、昇格、賞与の関係

④ **図表1-10**（28ページ）モデル会社のステージと職掌・職位の関係表

⇨ステージと職掌・職位の関係表

⑤ **図表1-11**（29ページ）役割能力要件表の構成

⇨役割能力要件表の構成

　図表のタイトルも必要があれば変更します（⇨以降のタイトル参考）。解説の文章は第Ⅰ章「こぢんまり人事制度の概要」の文章をベースに作成します。

　図表は Power Point で作成し、説明会では Power Point で説明するとわかりやすいと思います。

(2)　書式の準備

① 人事評価用紙

　人事制度運用に必要な書式を準備しておく必要があります。まず、必要なものは人事評価用紙です。様式は**図表3-15**に示す通りです。人事評価項目とウェイトは**図表2-21**（124ページ）に示すように、ステージと職掌によって異なります。よく見ると6つのパターン（ステージⅠ、Ⅱ、Ⅲ、Ⅳ、管理職、専門職）になっているのがわかります。そこで、6つのパターンの人事評価用紙をあらかじめ作成し、本人のステージと職掌のパターンを選択すれば、それほど手間がかからず人事評価用紙を作成することができます。評価得点の計算は手計算になります。

　もちろん、Excel VBA でソフトを開発すれば、簡単に人事評価用紙を作成することができますし、評価結果を入力し、評価得点の計算を行わせることもできます。

【図表 3-15】 人事評価用紙

人事評価用紙

年	所　属		職　掌		一次評価者	
人事評価	ステージ		氏　名		二次評価者	

評価項目	ウェイト	結　果	評　価		評価得点
			一次	二次	
得点合計					

② 昇格推薦書

　昇格については第Ⅰ章 **2（5）** ①（57〜62 ページ）に説明している通り、【基準 2】上司の推薦が必要です。昇格推薦書は**図表 3-16** の通りです。

【図表 3-16】 昇格推薦書

<table>
<tr><td colspan="9" align="center">**昇格推薦書**</td></tr>
<tr>
<td rowspan="2">年度</td>
<td>社員
番号</td><td></td>
<td>ステージ</td><td></td>
<td>職　位</td><td></td>
<td>職　掌</td><td></td>
</tr>
</table>

氏　名		所　属	

	上記の者を昇格させることを推薦します。	上記の者を昇格させることを推薦しません。		上記の者を昇格させることを推薦します。	上記の者を昇格させることを推薦しません。
一次評価者		印	二次評価者		印
	所見			所見	

（3）　運用ソフトの準備

　昇給計算、賞与計算は Excel で行ったほうが便利です。昇給計算、賞与計算ソフトを準備します。

（4）　説明会

① 新人事制度説明会の狙い

　新人事制度の構築ができたら、これを社員によく理解してもらうことが必要です。そのためには、新人事制度の運用開始前に、全社員を対象に説明会を開いて説明します。説明会の終わりに理解度テストがあることを事前にアナウンスしておくと、場に緊張感が生まれ、社員も真剣に聴くようになりますので効果的です。

② カリキュラム

　新人事制度説明会の進行は**図表3-17**の通りです。

【図表3-17】　新人事制度　説明会

時　間	カリキュラム
13：00	【オリエンテーション】 経営トップの挨拶
13：30	【説明】　新人事制度の全体像（鳥瞰図） 　　　　　役割・能力・成果を明確にする 　　　　　役割能力要件表
14：00	ステージ制度 　　　　　人事評価制度
14：30	【演習】　人事評価得点計算
15：00	【説明】　給与制度 　　　　　賃金組替 　　　　　昇給計算・賞与計算の仕組み
15：30	【説明】　現行人事制度と新人事制度の主な変更点
16：00	【演習】　新人事制度について理解を深める問題 【説明】　新人事制度について理解を深める問題の解説
16：30	【質疑】
17：00	

③ 使用するテキスト

a　新人事制度の概要（事務局が人数分用意）

b　役割能力要件表（事務局が人数分用意）

c　現行人事制度と新人事制度の主な変更点（事務局が人数分用意）

d　業績評価得点計算の問題と解答（事務局が人数分用意）

e　新人事制度について理解を深める問題と解答（事務局が人数分用意）

④ 留意点

a　冒頭で経営トップに挨拶してもらいます。

b　新人事制度の概要（小冊子）に沿って丁寧に解説します。

c　新人事制度の概要（Power Point）はプロジェクターで映写して説明します。

d　演習を狭むと変化があってよいと思います。業績評価得点計算の演習を間に入れます。

e　プロジェクトの最終回で作成した「現行人事制度と新人事制度の主な変更点」を説明してまとめとします。

f　最後に「新人事制度について理解を深める問題」を解いてもらいます。社員には「理解をしていただくのが目的なので、テキスト等を見て構いません」と伝えましょう。解答は1人ひとり当てていき、その後、正解と理由を説明します。

g　説明会の説明役は人事部門責任者が行います。人事部門責任者が自信がないということでしたら、コンサルタントが行ってもよいでしょう。

（5） 各種研修

　新人事制度を円滑に運用するためには、評価者の評価能力を高めることが必要であり、評価者研修を行うことが必要です。ただ、小さい会社で、評価者が2～3人ということであれば、評価者研修を行うかどうかは実態を勘案して判断すればよいでしょう。

　評価者研修は、**図表3-18**に示すような評価者基礎研修を行うとよいでしょう。

【図表3-18】 評価者基礎研修

時　間	カリキュラム
10：00	オリエンテーション 【講義】　評価は管理職の本源的な役割
10：30	 【講義】　評価に対する意識を変えよう
11：00	【演習】　評価のプロセスで評価者に期待される行動　チェックリスト 【講義】　評価方法の基礎知識 【講義】　評価の進め方の基礎知識
11：30	【演習】　グレーゾーン
12：00	昼　食
13：00	【講義】　評価で陥りやすいエラー
13：30	【講義】　評価のプロセス、やることの確認、やっていることの確認 【講義】　フィードバックのタイプ
14：00	【演習】　フィードバック面接―悪い例のどこが悪いのか
14：30	【講義】　フィードバック面接―悪い例の悪いところのまとめ
15：00	【講義】　フィードバック面接の良い例の解説、 　　　　　フィードバック面接の留意事項
15：30	【講義】　一次評価者と二次評価者間の意見交換 【講義】　評価者の心得、評価のパワーを生かしきる
16：00	【理解度テスト】
16：30	 【質疑】
17：00	

Ⅳ
こぢんまり人事制度のオプション

「こぢんまり人事制度」は、人事スタッフが少ない小さな会社でも構築・運用ができるよう、人事のパーツはできる限り削ぎ落とし、簡素にしています。簡素にしても基本的なところはきちんと備えていますので、人事の機能に支障を来すことはありません。

しかし、「会社が成長して人事スタッフも充実してきたので、もう少し機能を充実させたい」と思われる場合は、物足りなさを感じるかもしれません。「こぢんまり人事制度」は増築が可能な人事制度です。増築の要望の強い次の4点についてどのように増築したらよいかを説明します。

1　目標管理制度（個人目標制度）を付け加えたい
2　評価期間を半年にしたい
3　賃金表を設けたい
4　職掌固有の役割能力要件表を作成したい

1 目標管理制度（個人目標制度）を付け加えたい

　「こぢんまり人事制度」は、運用が難しいことを考慮して、目標管理制度（個人目標制度）を取り入れていません。しかし、目標管理制度（個人目標制度）は、「組織の満足と個人の満足の同時達成」「見える化」「会社の価値観・経営目標の浸透」「自分で考える」「仕事の焦点化」ができる制度で、人事スタッフも充実し、社員のレベルも上がったら、ぜひ取り入れたい制度です。

　目標管理（個人目標）は、212ページ**図表4-2**の個人目標シートで行います。人事評価制度の中に組み込むことが必要で、その場合は**図表4-1**のように組み込みます。

　図表4-1を見ていただければわかりますが、個人目標のウェイトは業務遂行結果から移行しているのがわかります。「こぢんまり人事制度」の人事評価項目とウェイトは**図表2-21**（124ページ）の通りです。目標管理制度（個人目標制度）がありませんので、本来、個人目標で担当する仕事の結果を、「業務遂行結果」の評価項目で把握するとしています。これを表したものが**図表2-20**（123ページ）です。同じ図を213ページ**図表4-3**として掲載しましたが、売上目標・利益目標は個人目標になじみますし、部門業績（管理職）も管理職の個人目標で把握するほうがなじみます。また、専門的職務遂行（専門職）も専門職の個人目標で把握するほうがなじみます。

　目標管理制度（個人目標制度）を加えると、管理職、専門職は「業務遂行結果」のウェイトが「個人目標」に全部移行します。また、ステージⅠ～Ⅳの一般職は「業務遂行結果」のウェイトの一部が「個人目標」に移行します。

　このように見ると、目標管理制度（個人目標制度）は加えるほうが自然と思われ、会社が成長し、人事スタッフも充実し、社員のレベル

も上がるという目標管理制度（個人目標制度）を加える要件が整ったら、個人目標を加えたほうがよいと思います。

【図表4-1】 個人目標を組み込んだ人事評価項目とウェイト

ステージ	職掌	個人目標	業務遂行結果	報告連絡相談	チームワーク	能力開発	知識伝達	業務改善	顧客満足性	リーダーシップ	課題形成	人材育成	人事管理	組織運営	知識技能力	合計
VII	管理職	40								10	10	10	10	10	10	100
	専門職	30						20	10		20				20	100
VI	管理職	40								10	10	10	10	10	10	100
	専門職	30						20	10		20				20	100
V	管理職	40								10	10	10	10	10	10	100
	専門職	30						20	10		20				20	100
IV		20	10	5	5	5	10	10	10	5					20	100
III		20	10	10	10	5	10	10	5						20	100
II		15	25	10	10	10	5	5							20	100
I		10	40	10	10	10									20	100

【減点項目】 職場規律

規律違反の程度	職場規律
他に悪影響を及ぼす等、重大な問題があり、再三の注意にもかかわらず改まらなかった	－10点
軽微な問題があり、注意は受け入れるが、また再発する等して改まらなかった	－5点
特に問題なし	0点

【図表4-2】 個人目標シート

個人目標シート（　年　期）

所属		職位	
ステージ		氏名	

	計画時　年　月　日		中間時　年　月　日		評価時　年　月　日	
	一次	二次	一次	二次	一次	二次

区分	目標項目	ウェイト	達成基準	実施方法	結果 中間時 進捗状況	評価 本人	一次	二次	評価 得点
1									点
2									点
3									点
4									点
5									点
						得点合計			点

上司への 要望事項	上司の 了解事項

【図表 4-3】「業務遂行結果」で評価するもの

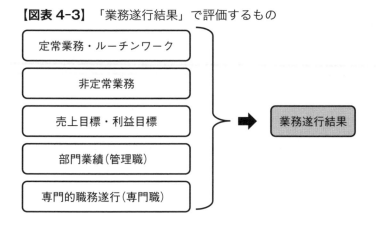

2 評価期間を半年にしたい

「こぢんまり人事制度」は、人事担当部門の負担軽減、評価者（管理職）の負担軽減を考慮して、1年単位の評価期間にしました。

人事スタッフも充実し、管理職の評価能力も向上したので、賞与のサイクルに合わせて半年単位にしたい、という要望は当然出てくるところだと思います。

半年単位にする場合は、**図表 4-4** に示すようにすればよいでしょう。人事評価は半年ごとに行い、上期評価は冬季賞与に、下期評価は夏季賞与に反映させます。上期評価と下期評価の平均を年度人事評価とし、この得点を翌年7月の昇格、昇給に反映させます。

【図表 4-4】 人事評価と処遇の関係

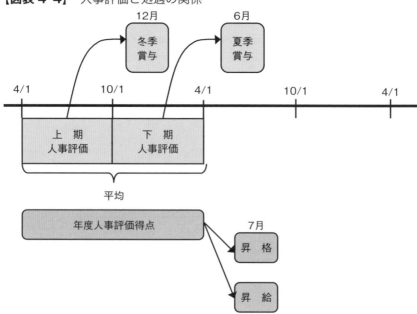

3 賃金表を設けたい

　「こぢんまり人事制度」では、基本給は、賃金表を用いず、ステージごとに上限・下限のレンジを設定して、その中で昇給管理を行いますが、従来の賃金表に慣れた人には、何か物足りなさを感じるようで、「賃金表はないのですか」という質問をよく受けます。

　賃金表に愛着を持っている人には、やはり賃金表を提供したほうが安心します。その場合は、賃金表は次のようにして作成します。

(1) ステージの上限・下限を決める

　ステージの上限・下限は、賃金表なしの場合の基本給の上限・下限と同じ額にします。これは**図表 2-37**（145 ページ）にあります。再掲すれば**図表 4-5** の通りです。

【図表 4-5】　基本給の上限・下限

ステージ	下　限	上　限
ステージⅦ	330,000 円	450,000 円
ステージⅥ	290,000 円	400,000 円
ステージⅤ	260,000 円	360,000 円
ステージⅣ	230,000 円	320,000 円
ステージⅢ	200,000 円	290,000 円
ステージⅡ	180,000 円	270,000 円
ステージⅠ	160,000 円	250,000 円

（2）　ステージごとの 1 号ピッチを決める

ピッチは次のようにして定めます。

① まず、ステージⅠのピッチを決めます。ここでは 500 円としました。

算定根拠は次の通りです。

最近の昇給率を参考にして昇給率を 2% と設定します。

昇給率を 2% としたときのステージⅠの昇給額を次のように算定します。

ステージⅠの基本給に 2% を乗ずるとステージⅠの昇給額は 4,100 円（205,000×2%）と算定できます。

（ステージⅠの基本給 205,000 円はステージⅠの基本給の上限・下限の中位数としています）

次に、何号でこの昇給額に到達するかを定めます。ここでは 8 号としました。

1 号ピッチは昇給額（4,100 円）を 8 で除すると求められます。

1 号ピッチは 512.5 円（4,100/8）となり、丸めて 500 円としました。

② 各ステージのピッチも同じように算定します。

【図表 4-6】 ステージごとの 1 号ピッチ

ステージ	ピッチ
Ⅶ	950 円
Ⅵ	850 円
Ⅴ	750 円
Ⅳ	650 円
Ⅲ	600 円
Ⅱ	550 円
Ⅰ	500 円

【図表 4-7】 ピッチの算定

ステージ	下 限	上 限	中位数	昇給率 2%としたときの昇給額	左記昇給額に到達する号を8号としたときのピッチ	ピッチ（丸めて）
Ⅶ	330,000	450,000	390,000	7,800	975.0	950
Ⅵ	290,000	400,000	345,000	6,900	862.5	850
Ⅴ	260,000	360,000	310,000	6,200	775.0	750
Ⅳ	230,000	320,000	275,000	5,500	687.5	650
Ⅲ	200,000	290,000	245,000	4,900	612.5	600
Ⅱ	180,000	270,000	225,000	4,500	562.5	550
Ⅰ	160,000	250,000	205,000	4,100	512.5	500

【図表 4-8】 基本給賃金表

号	ステージⅠ 基本給	ピッチ	ステージⅡ 基本給	ピッチ	ステージⅢ 基本給	ピッチ	ステージⅣ 基本給	ピッチ	ステージⅤ 基本給	ピッチ	ステージⅥ 基本給	ピッチ	ステージⅦ 基本給	ピッチ
1	160,000	500	180,000	550	200,000	600	230,000	650	260,000	750	290,000	850	330,000	950
2	160,500	500	180,550	550	200,600	600	230,650	650	260,750	750	290,850	850	330,950	950
3	161,000	500	181,100	550	201,200	600	231,300	650	261,500	750	291,700	850	331,900	950
4	161,500	500	181,650	550	201,800	600	231,950	650	262,250	750	292,550	850	332,850	950
5	162,000	500	182,200	550	202,400	600	232,600	650	263,000	750	293,400	850	333,800	950
6	162,500	500	182,750	550	203,000	600	233,250	650	263,750	750	294,250	850	334,750	950
7	163,000	500	183,300	550	203,600	600	233,900	650	264,500	750	295,100	850	335,700	950
8	163,500	500	183,850	550	204,200	600	234,550	650	265,250	750	295,950	850	336,650	950
9	164,000	500	184,400	550	204,800	600	235,200	650	266,000	750	296,800	850	337,600	950
10	164,500	500	184,950	550	205,400	600	235,850	650	266,750	750	297,650	850	338,550	950
11	165,000	500	185,500	550	206,000	600	236,500	650	267,500	750	298,500	850	339,500	950
12	165,500	500	186,050	550	206,600	600	237,150	650	268,250	750	299,350	850	340,450	950
13	166,000	500	186,600	550	207,200	600	237,800	650	269,000	750	300,200	850	341,400	950
14	166,500	500	187,150	550	207,800	600	238,450	650	269,750	750	301,050	850	342,350	950
15	167,000	500	187,700	550	208,400	600	239,100	650	270,500	750	301,900	850	343,300	950
16	167,500	500	188,250	550	209,000	600	239,750	650	271,250	750	302,750	850	344,250	950
17	168,000	500	188,800	550	209,600	600	240,400	650	272,000	750	303,600	850	345,200	950
18	168,500	500	189,350	550	210,200	600	241,050	650	272,750	750	304,450	850	346,150	950
19	169,000	500	189,900	550	210,800	600	241,700	650	273,500	750	305,300	850	347,100	950
20	169,500	500	190,450	550	211,400	600	242,350	650	274,250	750	306,150	850	348,050	950
21	170,000	500	191,000	550	212,000	600	243,000	650	275,000	750	307,000	850	349,000	950
22	170,500	500	191,550	550	212,600	600	243,650	650	275,750	750	307,850	850	349,950	950
23	171,000	500	192,100	550	213,200	600	244,300	650	276,500	750	308,700	850	350,900	950
24	171,500	500	192,650	550	213,800	600	244,950	650	277,250	750	309,550	850	351,850	950
25	172,000	500	193,200	550	214,400	600	245,600	650	278,000	750	310,400	850	352,800	950
26	172,500	500	193,750	550	215,000	600	246,250	650	278,750	750	311,250	850	353,750	950

【図表 4-9】 基本給賃金表グラフ

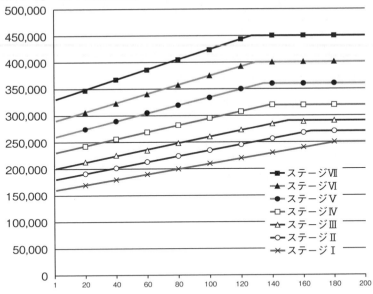

（3）　人事評価得点に対応した昇給する号を設定する

　人事評価得点に対応した昇給する号を**図表 4-10** のように設定します。「標準」を定めておき、昇給率を多少調整する必要がある場合は、「低め」「高め」のパターンを選択します。

【図表 4-10】　人事評価得点に対応した昇給する号

評　語	人事評価得点	昇給する号		
		低め	標準	高め
S	90 点超	9	10	11
A	70 点超　90 点以下	7	8	9
B	50 点超　70 点以下	5	6	7
C	40 点超　50 点以下	3	4	5
D	40 点以下	1	2	3

4 職掌固有の役割能力要件表を作成したい

　「こぢんまり人事制度」では、簡素化を図るため、役割能力要件表は全職掌共通のみ作成しています。全職掌共通があれば、ステージに期待される役割、必要とされる知識技能が明確になり、これに基づく人事評価項目とウェイトも設定することができます。

　しかし、部門により仕事の内容は異なり、期待される役割、必要とされる知識技能も異なります。より的確な人事評価を行うためには、より的確な期待する役割や必要とされる知識技能であったほうがよいわけです。また、能力の開発に役立てるには、職掌固有の役割能力要件があったほうがよいのです。

　このように考えると、職掌固有の役割能力要件表を作成したいという欲求が生まれるのは自然なことです。会社が成長し、人事スタッフも充実し、余裕ができたら、ぜひ職掌固有の役割能力要件表作成に挑戦してみてください。

　その場合の役割能力要件表の構成は、**図表4-11**の通りです。期待される役割、必要とされる知識技能はそれぞれ2列に分かれています。A列は全職掌共通、B列は職掌固有の期待される役割を、C列は全職掌共通の必要とされる知識技能を、D列は職掌固有に必要とされ

【図表4-11】 簡略化しない場合の役割能力要件表の構成

ステージ	（職掌）	事務職		
	（部門）	人事課		
	期待される役割		必要とされる知識技能	
Ⅳ	A列	B列	C列	D列
Ⅲ				
Ⅱ				
Ⅰ				

る知識技能を記載します。

　職掌固有の期待される役割、必要とされる知識技能の作成方法は、全職掌共通と同じです。期待される役割マトリックス表、必要とされる知識技能マトリックス表を活用して作成します。その場合の留意事項は次の通りです。

①　全職掌共通に挙げている役割項目、知識技能力項目は挙げないようにする。

②　職掌固有で挙げる役割や知識技能のレベルは、全職掌共通のレベルを基準にする。

　職掌固有については、それぞれの職掌の仕事の内容や必要とされる知識技能を挙げるため、その職掌の仕事に詳しい人でなければ作成できません。そこで、各部門の仕事に詳しい人で構成されるプロジェクトチームを組んで、担当を決めて作成することが必要です。その場合のスケジュールは**図表4-12**の通りです。推進役は人事部門責任者が当たります（自信がなければコンサルタントが行うことも可能です）。

【図表4-12】 職掌固有の役割能力要件表作成プロジェクトのスケジュール

回	月 日 ( )	プロジェクト当日の作業	宿 題
1	月　日 ( )	・経営トップの挨拶 ・プロジェクト日程の決定 　職掌固有役割能力要件表作成プロ 　ジェクトのスケジュール表を示し 　全日程を決める ・全職掌共通役割能力要件表の説明 ・職掌固有の役割能力要件表作成の 　仕方の説明 　・職掌固有の期待される役割マト 　　リックス表 　・職掌固有の必要とされる知識技 　　能マトリックス表 　・職掌固有の必要とされる知識技 　　能の具体的内容 ・職掌固有の役割能力要件作成の分 　担を決める	【プロジェクトメンバー】 ・担当した職掌固有の期待される 　役割マトリックス表の作成 ・担当した職掌固有の必要とされ 　る知識技能マトリックス表の作 　成 ・担当した職掌固有の必要とされ 　る知識技能の具体的内容の作成
2	月　日 ( )	・担当した職掌固有の期待される役 　割マトリックス表の発表・討議 ・担当した職掌固有の必要とされる 　知識技能マトリックス表の発表・ 　討議 ・担当した職掌固有の必要とされる 　知識技能の具体的内容の発表・討 　議	【プロジェクトメンバー】 ・担当した職掌固有の期待される 　役割マトリックス表の修正 ・担当した職掌固有の必要とされ 　る知識技能マトリックス表の修 　正 ・担当した職掌固有の必要とされ 　る知識技能の具体的内容の修正
3	月　日 ( )	・担当した職掌固有の期待される役 　割マトリックス表の発表・討議 ・担当した職掌固有の必要とされる 　知識技能マトリックス表の発表・ 　討議 ・担当した職掌固有の必要とされる 　知識技能の具体的内容の発表・討 　議	【プロジェクトメンバー】 ・担当した職掌固有の期待される 　役割マトリックス表の修正 ・担当した職掌固有の必要とされ 　る知識技能マトリックス表の修 　正 ・担当した職掌固有の必要とされ 　る知識技能の具体的内容の修正
4	月　日 ( )	・担当した職掌固有の期待される役 　割マトリックス表の発表・討議 ・担当した職掌固有の必要とされる 　知識技能マトリックス表の発表・ 　討議 ・担当した職掌固有の必要とされる 　知識技能の具体的内容の発表・討 　議	【事務局】 ・職掌固有の「期待される役割マ 　トリックス表」「必要とされる 　知識技能マトリックス表」「必 　要とされる知識技能の具体的内 　容」を「全職掌共通、職掌固有 　で構成されている役割能力要件 　表」の書式にまとめる
5	月　日 ( )	・「役割能力要件表」の書式にまと 　めたものを確認	

Ⅳ

こぢんまり人事制度の
オプション

索　引

※　太字は主に説明してある箇所

あ行

い	移行格付け	90
	1号ピッチ	216
	異動者への救済策	132
う	一般層の人事評価項目（業績項目）とウェイト	125
	運用ソフト	203

か行

か	掛金月額	79
	家族手当	53　156
	課題形成	**39**　115　127
	管理監督者	**53**　87　154
	管理職に期待される役割	37
	管理職の成果	37　42　127
	管理職の人事評価項目（業績項目）とウェイト	126
き	機会損失	128
	議事録	184
	企業の業績	36
	期待される役割の読み方	31
	期待される役割マトリックス表	102
	基本昇給額	64
	基本賞与	71　167
	基本給	50　144
	基本給の上限・下限の設定方法	151
	給与規程	135　143
	業績項目	33
	業績賞与	71　167
	業績賞与指数	72
	業務遂行結果	46　113　**122**
け	経営トップ	172
	経営理念	17
	現行人事制度と新人事制度の主な変更点	191
	現行人事制度の分析	179　181
	減点項目	131
こ	降格	62
	こぢんまり人事制度	2　16
	こぢんまり人事制度・構築の仕方	171
	こぢんまり人事制度のオプション	209
	「こぢんまり人事制度」の概念図	17

※　太字は主に説明してある箇所

	こぢんまり人事制度の評価と処遇の関係	22
	『こぢんまり』の内容	16
	個人の業績	36
	個人目標	212
	個人目標シート	212
	個人目標を組み込んだ人事評価項目とウェイト	211
	コミュニケーションが良い	41
	コンサルタント	173

さ行

し	若年層の昇給	164
	自己実現	40
	出勤率	167
	シミュレーション	180
	事務局	172
	社員給与一覧	179
	社会保険労務士	23　173
	就業規則	143
	昇格	57
	昇格推薦書	60　202
	昇格基準	58
	昇格昇給	53
	昇給	63
	昇給管理規程	161
	昇給計算ソフト	203
	昇給計算の実際	69
	昇給原資	68
	昇給シミュレーション	189　**198**
	賞与	69
	賞与管理規程	166
	賞与計算ソフト	203
	賞与算定基礎額	71
	賞与シミュレーション	189　**199**
	職位	154
	職位手当	54　154
	職掌	87
	職掌固有	221
	職掌固有の期待される役割マトリックス表	223
	職掌固有の必要とされる知識技能マトリックス表	223
	職掌固有の必要とされる知識技能具体的内容	223
	初任格付け	89
	職場規律	20　44　112 124　131

	職務遂行結果	46
	審査	61
	人事コンサルタント	23　173
	人事制度再構築プロジェクト	175
	人事制度再構築プロジェクト・スケジュール表	176　181
	人事部門責任者	172
	人事評価	43
	人事評価項目（業績項目）	124
	人事評価項目（能力項目）	129
	人事評価項目とウエイト	20　44　112　124
	人事評価項目評価基準	113
	人事評価制度運用規程	109
	人事評価得点の計算	48
	人事評価と処遇の関係	49　92　121
	人事評価用紙	117　201
	人事の基本ファクター	26
	新人事制度の概要	181
	新人事制度諸規程	181
	新人事制度説明会	204
す	ステージ	18　27
	ステージ係数	65
	ステージ制度運用規程	82
	ステージ手当	52　152
	ステージと職掌・職位の関係表	28　87
	ステージ別基本給レンジ	145
	ステージ別年収レンジ	147
せ	成果とは	35
	成果の体系	35
	絶対評価	47
	説明会	204
	説明会資料の作成	200
	全職掌共通	19　100
	全職掌共通：期待される役割のマトリックス表	103
	全職掌共通：必要とされる知識技能マトリックス表	105
	全職掌共通：必要とされる知識技能の具体的内容	107
そ	粗業績賞与	75
	組織活性化	38

た行

た	退職金	77
ち	知識技能力評価評価基準	130
	中退共	78

※　太字は主に説明してある箇所

	調整手当	56
	賃金組替	55　157
	賃金組替シミュレーション	189　**194**
	賃金表	215
て	逓減率	66
	逓減率早見表	67
と	等級	27
	トライアングル人事システムの評価と処遇の関係	119

な行

ぬ	ぬるま湯	39
の	能力	29
	能力の開発	40
	能力項目	33

は行

	能力主義の考課と処遇の関係	118
ひ	ピッチ	216
	必要とされる知識技能の読み方	32
	必要とされる知識技能マトリックス表	104
	必要とされる知識技能の具体的内容	95
	評価期間	214
	評価項目の定義（意味）	45
	評価制度	118
	評価者基礎研修	207
	評価の段階	45
ふ	フィードバック	47
	部下の育成	42
	部下の公正な評価	42
	部門活性化推進者	38
	部門業績	38
	部門業績責任者	38
	部門の目的	38
	プロジェクトチーム	23　172
へ	ベースアップ（ベア）	63
	変化している	39
ほ	補正比率	68　75

ま行

ま	マズロー	40
も	目標管理	122　210
	モデル別賃金シミュレーション	147

や行

や	役割・能力・成果	26	
	役割能力要件表	29	94
	役割能力要件表と人事評価の関係	33	125
	役割能力要件表は人事制度の核	34	
	やる気に満ち溢れている	40	
	やるべきこと	35	

ら行

り	理解度テスト	204
れ	レンジ	50

参考文献

P・F・ドラッカー 『現代の経営』（ダイヤモンド社　野田一夫監修・現代経営研究会訳）

A・H・マズロー 『人間性の心理学』（産業能率大学出版部　小口忠彦訳）

D・マグレガー 『企業の人間的側面』（産業能率大学出版部　高橋達男訳）

C・I・バーナード 『新訳　経営者の役割』（ダイヤモンド社　山本安次郎・田杉競・飯野春樹訳）

大藤裕康 『統合的人材活用システム』（ぎょうせい）

楠田丘 『賃金表の作り方　賃金ガイドシリーズ１』

楠田丘 『新しい人事考課　賃金ガイドシリーズ３』

楠田丘 『職能資格制度　賃金ガイドシリーズ４』（以上、経営書院）

楠田丘 『賃金体系設計マニュアル　賃金ガイドシリーズ６』（経営書院）

河合克彦 『７つのステップでできる部門業績評価制度のつくり方』

河合克彦 『人事・賃金コンサルティング入門』（以上、日本法令）

河合克彦 『役割・能力・成果…"〇X主義"を超えて』

河合克彦 『被評価者のための評価の基礎知識』

河合克彦 『評価者になったら読む本　改訂増補版』

河合克彦 『管理部門生産性向上システム』

河合克彦・石橋薫 『役割目標によるマネジメント』（以上、日本生産性本部）

河合克彦 『一生懸命やっているのに評価されないと感じたとき読む本』

河合克彦 『真実の成果主義』（以上、中央経済社）

河合克彦・石橋薫 『一次評価者のための目標管理入門』（日本経済新聞出版社）

河合克彦 『要員・総額人件費マネジメント』（社会経済生産性本部）

河合克彦 『業績貢献度測定マニュアル』

河合克彦 『業績貢献度別人事活用マニュアル』（以上、経営書院）

著者紹介

河合　克彦（かわい　かつひこ）
（株）河合コンサルティング代表取締役

＜略　歴＞
1967 年　京都大学経済学部卒業後、㈱富士銀行に入行。
1980 年　㈱富士ナショナルシティ・コンサルティング（FNCC）続いて㈱
　　　　富士総合研究所に出向し、経営コンサルティング業務に従事する。
1997 年　㈱富士銀行　退職。㈱河合コンサルティング設立。

＜主な著書＞
「7つのステップでできる部門業績評価制度のつくり方」
「人事・賃金コンサルティング入門」（以上、日本法令）
「役割・能力・成果…　"○×主義"を超えて」
「被評価者のための評価の基礎知識」
「評価者になったら読む本　改訂増補版」
「管理部門生産性向上システム」
「役割目標によるマネジメント」
「要員・総額人件費マネジメント」
「役割・業績・能力基準人事賃金システム」（以上、日本生産性本部）
「一生懸命やっているのに評価されないと感じたとき読む本」
「真実の成果主義」（以上、中央経済社）
「一次評価者のための目標管理入門」
「一次評価者のための人事評価入門」（以上、日本経済新聞出版社）
「総額人件費管理マニュアル」
「賃金決定のための部門業績評価」
「業績貢献度測定マニュアル」
「業績貢献度別人事 活用マニュアル」（以上、経営書院）

＜ビデオ・ＣＤ監修・著＞
「被評価者のための評価面談の基礎知識」
「一次評価者のための目標管理入門」
「CD-ROM 一次評価者のための人事評価アシストパック」
「【ディスカッション教材】一次評価者のための人事評価」
「一次評価者のための人事評価入門」（以上、日本経済新聞出版社）

＜連絡先＞

　　株式会社河合コンサルティング

　　〒 103-0028　東京都中央区八重洲 1 丁目 7 番 17 号

　　　　　　　　八重洲ロータリービル 9 階

　　Tel　03-3272-7832　　Fax　03-3272-7833

　　E-mail　kc@kawai-con.co.jp

　　ホームページ　http://www.kawai-con.co.jp

［編集協力］

中野　剛（なかの　つよし）

社会保険労務士（特定社会保険労務士証票　登録番号：第 13050188 号）。システム関連に強く、人事総務部門のトータルアウトソーシングのプランニングおよび受託を得意とする。2005 年当時、まだ、普及していなかった労働社会保険の電子申請を、勤務していた社労士事務所へ導入した実績がある。給与計算は多くの経験を有し、海外勤務者の給与計算を含め、累計で 5,000 人を超える人数の給与計算を経験している。また、近年では人事労務系のコンサルティングに力を入れており、人事制度構築コンサルティングのほか、事業譲渡、吸収分割等の M ＆ A コンサルティングを数多く手掛け、企業の経営企画部門、人事労務部門の双方の支援をしている。

★　事務所：なかの経営労務事務所

　　〒 105-0012　東京都港区芝大門 2-3-7　DO 芝大門ビル 4 階

　　TEL　03-6809-1261　　FAX　050-3737-8646

　　E-mail　nakano@nkr-office.com

小さな会社のための "こぢんまり"人事・賃金制度のつくり方	平成29年2月20日　初版発行 令和2年9月10日　初版5刷

〒 101-0032
東京都千代田区岩本町1丁目2番19号
https://www.horei.co.jp/

		検印省略
著　者	河　合　克　彦	
編集協力	中　野　　　剛	
発行者	青　木　健　次	
編集者	岩　倉　春　光	
印刷所	三　報　社　印　刷	
製本所	国　宝　社	

（営　業）　TEL　03-6858-6967　　Eメール　syuppan@horei.co.jp
（通　販）　TEL　03-6858-6966　　Eメール　book.order@horei.co.jp
（編　集）　FAX　03-6858-6957　　Eメール　tankoubon@horei.co.jp

（バーチャルショップ）　https://www.horei.co.jp/iec/
（お詫びと訂正）　https://www.horei.co.jp/book/owabi.shtml
（書籍の追加情報）　https://www.horei.co.jp/book/osirasebook.shtml

※万一、本書の内容に誤記等が判明した場合には、上記「お詫びと訂正」に最新情報を掲載しております。ホームページに掲載されていない内容につきましては、FAXまたはEメールで編集までお問合せください。

・乱丁、落丁本は直接弊社出版部へお送りくださればお取替えいたします。
・JCOPY〈出版者著作権管理機構 委託出版物〉
本書の無断複製は著作権法上での例外を除き禁じられています。複製される場合は、そのつど事前に、出版者著作権管理機構（電話 03-5244-5088、FAX 03-5244-5089、e-mail: info@jcopy.or.jp）の許諾を得てください。また、本書を代行業者等の第三者に依頼してスキャンやデジタル化することは、たとえ個人や家庭内での利用であっても一切認められておりません。

© K. Kawai 2017. Printed in JAPAN
ISBN 978-4-539-72528-3